교양인의 서양 건축사

지적 대화를 위한

지적 대화를 위한
교양인의 서양건축사

초판 1쇄 발행 2024년 1월 31일
초판 2쇄 발행 2024년 5월 25일

지은이 이민정

펴낸이 박세현
펴낸곳 팬덤북스

기획 편집 곽병완
디자인 김민주
마케팅 전창열
SNS 홍보 신현아

주소 (우)14557 경기도 부천시 조마루로 385번길 92 부천테크노밸리유1센터 1110호

전화 070-8821-4312 | **팩스** 02-6008-4318
이메일 fandombooks@naver.com
블로그 http://blog.naver.com/fandombooks

출판등록 2009년 7월 9일(제386-251002009000081호)

ISBN 979-11-6169-278-4 03900

지적 대화를 위한

교양인의 서양건축사

팬덤북스

사람들은 오늘을 삽니다. 지나간 어느 때를 산 사람이건, 다가올 어느 때를 살 사람이건, 사람들은 모두 오늘을 살아 갑니다. 오늘을 사는 삶에는 오늘을 살기 위한 공간이 있습니다. 동굴이든, 움집이든, 저택이든, 궁전이든, 농가든, 주택이든, 아파트든, 호텔이든, 어떤 형태의 집이라 할지언정 오늘을 사는 사람들은 오늘의 공간에서 자기만의 감각에 의지하여 오늘의 기억을 쌓아갑니다.

　저는 상상해보곤 합니다. 어릴 때 놀이터 담벼락 너머를 바라보며 하던 버릇처럼요. 여행을 가건, 어떤 집에 초대받건, 여기 살았던 사람은 어떻게 살았을까, 어떻게 살고 있을까 그려봅니다.

　건축을 학문으로 접하면서부터 질문이 하나 더 늘었습니다. 집을 지은 이, 건축가는 어떤 생각을 하며 이 집을 설계했을까 하는 질문이요.

　답을 찾으려 하다 보니 사람들이 어떤 공간을 왜, 어떻게 만들어서 어떤 사람들이 어떻게 살았는지에 관심을 가지게 되었습니다. 아주 오래전, 언어로 된 기록이 없는 선사시대부터 오늘날에 이르기까지 사람들은 어떤 집에서 어떻게 살았는지 공부하게 되었습니다. 한 걸음 나아가 현재 살고 있는 공간을 보고 미래의 사람들은 어떤 집에서 어떻게 살면 좋을까도 생각해보게 되었습니다.

역사를 공부하면서 오늘을 살펴보다 보니 지난 삶을 바탕으로 앞으로의 건축을 생각해보는 역사 및 이론이 전공이 되었습니다. 살았던 곳에 대한 탐구가 건축역사라면, 살아가는 곳과 살게 될 곳에 대해 고민하는 것이 건축이론이라는 셈인데, 그것을 무엇이라 부르든 간에 건축과 삶에 대한 고민이라는 것은 분명합니다.

이 책은 서양 건축사를 다룹니다. 사람들이 지은 여러 종류의 건물과 짓기라는 행위에 관한 이야기입니다. 건축 이야기는 사람 이야기이기도 합니다. 사람 이야기에는 사람의 생각과 감정을 표현하는 예술과 문화 이야기가 빠질 수 없습니다. 그래서 건축과 예술을 함께 들여다봅니다.

그렇게 해서 다다를 곳은 다시 사람과 삶이라 생각하면서 건축 이야기를 나누고 싶었습니다. 이 책을 읽어주실 때 시절의 삶을 그려보고, 또 때에 따라 서로 다른 이름으로 풀어졌다 엮이며 고정된 형상 없이 흐르고 있는 우리의 삶을 그려볼 수 있다면 더 바랄 나위 없겠습니다.

집과 삶에 관한 생각을 이어가게 해주는 가족들과 사랑하는 남편 정욱, 출간의 모든 과정에 애써주신 팬덤북스에 고마움을 전합니다.

차
례

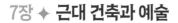

7장 ✦ 근대 건축과 예술

1장

고대 그리스의 건축과 예술

고대 그리스는 멀고도 가깝게 느껴집니다. 멀게 느껴지는 것은 지금부터 약 3,000년 전 고대라는 시간적 거리감과 더불어, 한반도에서 약 9,000km나 떨어진 저 멀리 지중해라는 지리적 거리감이 한몫합니다. 그러나 마냥 멀게만 느껴지는 것은 아닙니다. 어릴 적부터 오랜 시간을 두고 알고 지내면서 천천히 가까워진 친구처럼 가깝고 편안한 느낌도 있습니다.

저는 어릴 적부터 신화를 좋아했습니다. 처음 접했던 것은 부모님께서 구해주신 토마스 불핀치의 《그리스 로마 신화》였습니다. 당시 그 책이 유명했는지 주변 친구들도 한 권씩 다 가지고 있었던 것으로 기억합니다. 등장인물이 워낙 많다 보니 처음 읽었을 때에는 누가 누군지 헷갈려 했던 기억도 있습니다. 그러나 흥미가 떨어지면 소홀히 되는 다른 책과는 달리, 이 책은 꾸준히 계속 읽을 수 있었습니다. 그렇게 할 수 있었던 이유는 이야기 전체가 하나로 이어져 처음부터 끝까지 순차적으로 읽어야만 하는 책이 아니라, 어디든 펼쳐 읽어도, 어떤 에피소드를 선택해 읽어도 독립된 하나의 이야기로 읽어낼 수 있었기 때문입니다.

아버지께서는 가끔 책에 나오는 신화 속 여러 주인공들의 이야기를 따로 설명해주셨어요. 예를 들면 이런 신화 이야기였습니다.

정신병을 나타내는 의학 용어인 'Psychosis'는 그리스 신화에 등장하는 아름다운 처녀 프시케Psyche 이야기에서 유래했다는 것. 무슨 일이든 손만 댔다 하면 성공하는 이를 일컫는 '미다스의 손'이라고 비유하는 표현은 만지는 모든 것을 황금으로 바꿔버리는 그리스 신화 속 임금 미다스의 이야기에서 유래했다는 것. 제우스가 대장장이의 신 헤파이토스를 불러 만들어낸 최초의 여인 판도라판도라라는 이름은 모든 선물을 받은 여자라는 뜻의 탄생을 축하하며 절대 열어보지 말라는 말과 함께 선물로 상자를 줬는데, 신 프로메테우스의 동생과 결혼해 살던 판도라가 호기심을 버리지 못하고 상자를 열어버리는 바람에 상자 속에 갇혀 있던 세상 모든 나쁜 것이 다 흘러나가 버리고 급하게 상자를 닫으면서 상자 속에는 희망 하나만 남게 되었다는 것.

뭐, 그런 이야기들이었지요. 매일은 아니었지만 종종 아버지의 설명을 듣고 책으로 돌아가면, 복잡하고 어려운 신화 이야기가 좀 더 쉽게 읽혀서 느낌이 좋았습니다. 그런 식으로 하루는 이 이야기, 다른 하루는 저 이야기, 이것저것 여러 번 읽다 보니 한동안 손에서 책을 놓고 지내는 동안, 등장인물들의 이름이 일부 가물가물 하다가도 금세 기억이 돌아오곤 했습니다. 책을 읽으면서 대부분의 신화가 익숙해지게 되었습니다.

자라면서 자연스럽게 전 세계의 사회문화에서도 그리스 신화의 흔적과 영향을 느낄 수 있었습니다. 대표적인 것이 4년마다 열리는 올림픽입니다. 올림픽은 기원전 8세기부터 기원후 5세기에 이르기까지, 고대 그리스 올림피아에서 열린 경기에서 비롯되어 초기 중세시대에 폐지될 때까지 이어졌다가, 근대에 들어 부활한 이후 오늘날까지 국제적인 스포츠 축제로 자리매김하게 되었습니다.

스포츠 브랜드 '나이키'의 회사 이름도 고대 그리스 신화 속 승리와 승전을 상징하는 여신 니케Nike 에서 유래한 것으로 알려져 있습니다. 로마 신화에서는 빅토리아Victoria 로 알려져 있는 니케는, 그리스 신화에서 티탄 신족인 팔라스Pallas 와 저승의 강을 관장하는 스틱스Styx 의 딸로 나옵니다. 니케의 형제들은 경쟁을 뜻하는 젤로스Zelos 와 힘을 상징하는 크라토스Cratos , 그리고 폭력을 상징하는 비아Bia 입니다. 이들 니케의 남매들은 제우스를 도와 티탄 신족과의 싸움을 승리로 이끕니다. 니케는 그림으로 표현될 때 날개를 가진 여성으로 나타나는데, 나이키 회사의 로고는 니케 여신의 날개를 표현하고 있습니다. 미국 육군의 지대공 미사일도 승리의 여신 이름을 붙여 나이키 미사일입니다.

어린 시절 저를 사로잡았던 디즈니 애니메이션에도 신화를 모티브로 한 작품들이 더러 있습니다. 그리스 신화에서 제우스의 아들인 헤라클레스의 모험을 바탕으로 제작된 디즈니의 35번째 클래식 애니메이션 〈헤라클레스〉가 대표적입니다. 디즈니의 28번째 애니메이션이었던 〈인어공주〉에서도 그리스 신화가 보이는데, 바로 주인공 에어리얼의 아버지로 나오는 트라이튼 왕입니다. 삼지창을 들고 있는 트라이튼 왕은 바다의 신 포세이돈의 아들입니다. 사랑하는 이를 그리워하며 두 다리로 땅 위를 걷고 싶다 노래하는 에어리얼은 포세이돈의 손녀인 셈이지요.

그리스 신화는 대학에서 학업을 이어가는 중에도 매력적으로 다가왔습니다. 주로 공부했던 예술과 건축사, 철학 등의 영역에서 그리스 신화의 자리는 독보적이었습니다. 저는 한때 철학 중에서도 해석학이라는 분야에 심취했습니다. 니체부터 가다머를 거쳐 롬바흐 같은 학자들이 삶 속에 존재하는 밝음과 어두움, 그리고 그 사이에 존재하는 또 다른 세계들과 함께 질서와 혼돈, 이성과 감성, 창조와 생성을 신화로 설명하는 것에 매료되었습니다. 눈에 보이지 않는 많은 것들에 격을 부여하고 관계를 설정하여 이야기로 만들어낸 그리스인들의 상상력은 공상이 만들어낸 믿음과 환상 그 이상이었습니다.

수천 년 전 고대 그리스인들의 상상력이 만들어낸 존재들이 동화 속 주인공들이 아니라, 학자들의 사유를 통해서 아주 사소한 저의 개인적인 삶 속으로 걸어 들어와 현재 살아가고 있는 세계에 실제로 살아 움직이고 있음에 전율을 느꼈습니다. 신화에는 학문이 온전히 그려내지 못하는 방식, 감각 습관, 삶의 지침, 그리고 현실 전체에서, 한 지역에서, 온 얼개를 고양시키는 힘에서 발견할 수 있는 삶의 근본 방식 같은 것이 느껴집니다. 신적인 것이 갖는 깊이와 충만함, 학문 구조가 갖는 틀과 한계를 넘어 진리를 통찰하게 하는 힘 같은 것 말이에요.

나이가 들수록 신화에 제 삶의 장면들을 대입하여 읽을 수 있게 되었습니다. 그동안 공부해왔던 영역들뿐만 아니라, 각종 근심걱정과 욕망에 따른 감정변화, 시시각각 마주하는 상황에서 내렸던 판단들과 후에 깨달은 일련의 실수들, 그때마다 했던 생각들, 그 모든 순간에 복잡하게 얽혀 있었던 인간관계 등 삶이 만들어낸 주름과 주름 사이 층층에 투사되며, 신화 속 등장인물들의 이야기가 살아 있는 것처럼 느껴졌습니다. 그러면서 생김새도 다르고, 살았던 곳도 다르고, 사는 방식도 아주 달랐던 옛 그리스인들이 저도 모르게 가깝게 느껴졌습니다.

이렇게 고대 그리스에 멀고도 가까운 관계를 형성해가면

서, 건축 또한 하나의 독립적인 분야로 보기보다는 좀 더 넓은 시각에서 역사적인 관계와 삶의 방식으로서의 문화예술로 바라보게 되었습니다. 믿음과 존재 방식을 드러내는 총체적인 삶의 공간으로 건축을 보게 되면서, 시대의 사고방식과 신념 체계, 철학, 그리고 예술을 자연스럽게 함께 들여다보았습니다. 앞으로 건축을 살펴보기 위해 건축만이 아닌, 사회와 문화, 그리고 예술을 따로, 또 함께 이야기하겠습니다.

고대 그리스 역사 속으로: 크레타 문명과 건축

고대 그리스에 대한 친밀감을 조금 끌어올렸으니 이제 역사 속으로 들어가볼까요. 고대 그리스 시대는 기원전 1100년경부터 기원전 146년까지의 시대를 가리킵니다. 기원전 1100년경 이전에는 그리스 반도와 그 주변으로 독자적인 성격의 문화들이 여럿 존재했습니다. 미노스 문명이라고 하기도 하는 크레타 문명 기원전 3650년~기원전 1170년, 그리스 본토 남단에 있던 도시국가 미케네에서 유래한 미케네 문명 기원전 2000년~기원전 1100년 이 대표적입니다. 에게 해를 중심으로 그리스 반도, 소아시아, 크레타 섬을 잇는 삼각지대에 번성했던 독자적인 여러 문명들이 어우러져 만들어낸 고대 지중해 문명을 통칭하여 에게 문명 기원전 3650년~기원전 1100년 이라고 하며, 오늘날까지 이어져 오는 서양 문화의 뿌리라 할 수 있는 고대 그리스 문명의 기초를 이룹니다.

고대 그리스 문명의 기원인 에게 문명을 이루는 여러 문명 가운데에서도 크레타 문명은 에게 해에서 최초로 탄생하

마케도니아
올림포스 산 ▲

트로이 문명 지역
•트로이
•페르가몬

테살리아

사르데스•

테베
펠로폰네소스 반도   •아테네
아르고스 •미케네
    •티린스   •밀레투스
필로소•
마케네 문명 지역

크레타 문명 지역
크레타섬•
•크노소스

고대
그리스
문명들

였습니다. 크레타 문명은 주변 지역에서 가장 먼저 전성기
를 맞은 청동기 문명으로 지금부터 약 5,000년 전인 기원전
3650년부터 기원전 1170년까지 이어졌습니다. 크레타 섬
과 그 주변 지역은 지중해에 위치하면서 소아시아와 아프리
카 대륙이 만나는 지역으로, 서로 다른 문화를 통합하면서
독자적인 문화를 형성할 수 있었던 지리적 위치를 가졌습
니다.

그리스 신화 및 유럽의 역사에서도 크레타가 갖는 의미
는 특별하죠. 먼저, 그리스 신화에서 최고의 신인 제우스가
태어나고, 어른이 된 제우스가 그의 아버지 크로노스를 처
단하고 왕으로 등극한 곳이 크레타입니다. 크레타 사람들의

뿌리가 제우스라는 것이죠. 제우스가 시리아 연안의 고대 국가 페니키아의 공주 에우로파를 만나 세 아들을 낳은 곳도 크레타입니다.

제우스와 에우로파의 러브 스토리는 이렇습니다. 에우로파가 친구들과 함께 해변을 산책하던 중 제우스가 에우로파를 발견하고 한눈에 반해버립니다. 에우로파의 관심을 끌기 위해 흰색 황소로 변신한 제우스는 그녀를 유혹했고 에우로파는 기뻐하며 황소의 등에 올라탑니다. 그런데 황소가 갑자기 바다로 뛰어들었고 에우로파는 떨어지지 않기 위해 황소의 등에 꽉 매달려야 했겠죠. 제우스는 그녀를 데리고 크레타 섬으로 가요. 그곳에서 그녀와의 사이에 미노스, 라다만티스, 사르페돈 세 아들을 낳았습니다. 아들들 중 미노스가 왕이 되어 통치한 미노스 왕국이 크레타 문명을 이끌었기에, 미노스 왕의 이름을 따서 크레타 문명은 미노아 문명이라고 불리기도 합니다.

이 같은 서사에 따르면, 유럽 문화의 기원은 고대 그리스 문명이고, 고대 그리스 문명의 뿌리에 있는 크레타 문명은 제우스와 에우로파의 자손으로 가능했다는 논리를 갖게 됩니다. 서구 문명의 거대한 패러다임이 신화와 크레타 섬으로 거슬러 올라가는 구도입니다. 스토리 규모가 어마어마하다 싶지만, 사실 따지고 보면 한반도 단군신화도 이와 유사해서 친숙하게 느껴지는 점이 있기도 합니다.

크레타 건축의 특징 중 하나는 왕궁이 큰 부분을 차지하고 있습니다. 다른 고대 그리스 도시들이 주로 신전 중심의 도시였다면, 크레타의 수도인 크노소스Cnossus는 왕궁 중심의 도시였죠. 궁전의 벽화에는 기하학적 문양, 동식물, 궁정 생활 등이 상세하게 그려져 있습니다. 반면 신에 관한 장식은 찾아볼 수 없고, 독립된 신전도 없으며 신상 조각상도 발견되지 않아요. 이러한 사실을 토대로 보면, 왕은 지배자이자 동시에 최고의 신으로 여겨졌을 가능성이 큽니다.

또한 크레타는 제정일치의 사회로 이후 나타나는 그리스와 달리 체계화된 신앙체계는 없었으며, 다만 자연신에 대한 형태만이 존재했을 것으로 여깁니다. 무엇을 믿고 사느냐에 따라 필요한 건물과 그 건물의 형태며 공간구조며 디테일이 달라진다는 사실은 당연하면서도 생각해볼 때마다 새삼스레 다가옵니다. 건축은 오브제나 장식물이 아니라 우리의 정신과 믿음과 취향이 녹아 있는 삶의 공간이기에 저는 늘 감동합니다.

미노아 왕궁의 건축이 특이한 점은 바로 나무기둥입니다. 미노아 왕궁의 나무기둥은 다른 그리스 건축물에서 흔히 볼 수 있는 돌기둥과는 다른 특징입니다. 주로 지중해 지역에서 발견되는 사이프러스 나무로 만들어졌는데요. 그리스 건축물의 대부분의 기둥은 높이가 더 높아 보이도록 상단이 좁고 하단이 넓게 디자인되었습니다. 그러나 미노아

미노아
왕궁의 기둥

왕궁에서는 그와 반대로 하단이 좁고 상단이 넓게 디자인되었습니다. 기둥머리 쪽이 크니 시각적으로도 불안정해보입니다. 이유가 그럴싸합니다. 기둥으로 쓰인 나무 둥치에서 혹여나 싹이 트거나 땅에 뿌리를 내릴까봐 아래 위를 뒤집어 사용한 것입니다. 기둥은 빨간색으로 칠해져 있으며, 둥그스름한 모양의 기둥머리를 가지고 있습니다. 이러한 스타일과 특징은 미노아 문명의 건축물에서 발견되며, 그리스의 다른 건축물과 구별되는 독특한 디자인을 나타냅니다.

크레타인들은 항해와 모험을 즐겼습니다. 항해와 모험은 해상무역으로 문화를 발전시켰으며, 크레타인들은 이집트에 사신을 보내어 교류할 정도로 부유해지기도 했습니다.

이들이 남긴 문화예술에는 자연스럽게 이집트 문명의 영향이 드러날 수밖에 없습니다. 이 시대 문명의 증거들은 이집트나 메소포타미아 문명에 비해 상대적으로 매우 적습니다. 그렇지만 서로 영향을 주고받은 이집트와 메소포타미아 문명의 영향을 드러내면서도, 이후 나타나는 그리스 문화예술의 형태를 내포하고 있으니 의미가 있습니다.

미케네 문명과 건축

고대 그리스의 미케네 문명은 기원전 2000년경에 시작합니다. 북부산지에서 남하한 아카이아인들이 펠로폰네소스 반도에 구축한 고대 해양문명입니다. 이 문명은 기원전 1600년경부터 크레타 문명의 영향을 받으면서 활발한 해상 활동을 전개하였습니다. 기원전 1500년경부터는 지중해 동부의 해상과 교역 지역을 모두 지배하였지요. 미케네 문명은 해양문명으로서 지중해 지역에서 큰 영향력을 행사하였고, 다른 문명과의 교류를 통해 문화적인 발전과 국제 교역을 촉진했습니다.

미케네 문명 유적지로는 미케네와 티린스 고고유적Archaeological Sites of Mycenae and Tiryns 이 있습니다. 이들 고대도시에는 미케네 문명을 잘 보여주는 건축물들이 곳곳에 남아 있습니다. 대표적인 예로는 미케네의 사자문Lion Gate 이라고 하는 성문을 들 수 있습니다. 문의 구조는 양측 기둥에 인방보을 얹은 형태이며, 인방 위에 두 마리 사자를 부조한 삼각형의 커다란 석판이 얹혀 있습니다.

또한 미케네 왕궁 유적지 내부에는 광대함이라는 뜻을 가진 메가론Megaron 이라는 공간이 발견됩니다. 그리스 신전 건축의 전신이라 여겨지는 메가론은 고대 그리스나 중동에서 발견되는 건축 형태인데요. 궁전이나 주택 가운데 기둥으로 둘러싸인 직사각형의 넓은 방을 말합니다. 입구에는 벽이 없이 트여 있는 전실이 있으며, 내부로 들어가면 중앙에는 화로가 있지요.

미케네 문명의 벽화와 예술에서는 크레타 미술의 영향이 많이 나타납니다. 주거 건축의 근본 형식에서는 그리스의 특징이 나타나지만, 벽화와 예술에서 크레타 문화의 영향을 받은 면도 있습니다. 예를 들어, 벽화에서는 크레타 문화의 특성과 그리스적인 특징이 결합된 작품이 나타납니다. 또한 미케네 문명에서는 지하 묘실 건축이 독특한 특징을 가지고 있습니다. 이러한 묘실은 언덕의 경사면을 따라 긴 통로를 파내고 원형의 묘실로 통하는 구조로 되어 있으며, 입구에는 아름다운 장식이 있습니다. 이러한 미케네 문명의 묘실에는 고귀한 여성들의 장례에서 개나 말, 노예 등을 공물로 바친 모습도 나타납니다.

기원전 1100년경에 들어서는 북방 유럽의 인도유럽어계 민족이 미케네인들을 정복했습니다. 이때 침략해 들어온 외부 민족 중 그리스 본토에 정착했던 이들이 도리아인들이었

미케네 유적지에 발견된 원형 묘실

고, 에게 해와 소아시아 지방에 정착했던 이들이 이오니아 인들입니다. 이들은 기원전 10세기경까지 시칠리아 섬과 남이탈리아 등을 정복하며 식민지들을 구축하면서 그리스 국가를 만들어나갔습니다. 그리스 국가라고 하지만 이집트에 서처럼 한 명의 전제군주가 지배하는 구조는 아니었고, 아테네, 스파르타, 코린토스 등과 같이 여러 도시국가폴리스들로 이루어진 집합체였습니다.

각 도시국가의 문화가 서로 달랐고, 주변 지형도 험한 산맥이나 협곡, 복잡한 해안선으로 이루어져 정치적인 통합체를 이루기에는 무리가 있었습니다. 고대 그리스 도시국가들은 독립성을 중시하면서도 필요에 따라 동맹을 맺는 형식을 취했습니다. 이러한 동맹은 폴리스들 사이의 협력을 가능하게 하였으며, 건강한 문화와 민주주의의 원리를 공유하게 됩니다.

기원전 600년경에서 기원전 330년경은 고대 그리스의 정치·문화·예술·철학의 전성기였습니다. 그리스 고전기라 부르는 이 시기에는 민주주의가 발전하고, 아테네와 스파르타가 경쟁과 충돌을 겪었습니다. 이후 기원전 323년에 알렉산더 대왕의 정복으로 그리스는 대왕국의 지배를 받게 되었고, 이 시기는 헬레니즘 시대로 알려져 있습니다. 이 시기에는 그리스 문화가 동방문화와 결합하면서 새로운 문화양식이 형성되었습니다. 고대 그리스 시대는 기원전 146년에 고대 로마가 그리스를 정복하기까지 이어집니다. 이후 그리스 문화와 예술은 로마 문화에 영향을 미치면서 로마 제국의 일부가 되어 지중해 연안을 통일한 로마로 계승됩니다.

고대 그리스
예술의 흐름

　고대 그리스의 건축은 그 시기에 발전한 독특한 양식과 기술로 유명합니다. 이 시기의 건축물들은 약 기원전 900년부터 기원후 1세기까지 그리스 본토뿐만 아니라 그리스 식민지와 아나톨리아, 이탈리아 등의 지역에서도 발견되며 고전주의 건축의 기초를 제공했습니다. 가장 초기의 건축물은 기원전 약 600년경부터 남아 있는데요. 그보다 앞선 시대의 건축은 현재 남아 있지 않아 애석하게 심도 있게 살펴볼 수는 없습니다. 대신 그 시대가 남긴 다른 예술작품을 살펴보는 것은 그들의 건축이 발전해온 배경을 이해하기에 좋은 바탕이 될 수 있습니다.

　먼저 고대 그리스의 기원이라 알려져 있는 기원전 1100년경부터 기원전 800년까지를 살펴보겠습니다. 많은 유물이 남아 있지는 않지만 생활에 필요했던 도자기류가 있습니다. 고대에 물과 술을 섞을 때 쓰던 항아리를 크라테르 Krater 라고 부르는데요. 이러한 도자기에 전투에 나가는 병

전사 크라테르, 기원전 450년,
뉴욕 메트로폴리탄 미술관
Rogers Fund, 1907, 07.286.84,
www.metmuseum.org

사들의 모습이라거나 전차 바퀴나 방패 등이 간략한 캐리
커처나 추상적인 형태로 묘사되어 있습니다. 단순하게 묘
사된 인물들의 모습이 만화를 보는 것처럼 느껴지기도 합
니다. 요즘에도 취미활동 중 하나로 '포슬린 페인팅 아트'라
는 것이 있는데, 그릇이나 화병에 그림을 그리는 것으로 보
면 비슷한 활동이라 할 수 있을 것 같아요. 예나 지금이나
아름다움을 지향하는 마음은 동서양이 차이가 없는 것 같습
니다.

　기원전 800년에서 기원전 700년 사이에 발견되는 예술
작품들 또한 매우 단순한 표현 경향이 이어집니다. 엄격한

기하학적 양식의 크라테르에 그려진
죽은 사람을 애도하는 광경, 기원전
700년경, 아테네 국립 고고학 박물관

기하학 문양도 돋보이는데, 그래서 이 시대를 '기하학 문양
의 시대'라고 부르기도 합니다. 이러한 유물들에서는 당시
영향을 주고받았던 고대 이집트 문명의 느낌을 받을 수 있
습니다. 어떤 사람들은 이집트 미술보다 이 시기 미술이 더
딱딱하다고 하기도 하는데, 그 이유는 이집트 미술보다 훨
씬 간결한 기하학적 도형을 사용해 사람을 표현하고 있기
때문입니다. 이집트 미술의 경우에는 인간이 관절을 마디마
디 뽑아 재조립하지 않은 이상 절대 서 있을 수 없는 자세로
그려져 있습니다. 보고 있기만 해도 온몸이 뒤틀리는 듯 불
편한 자세를 한 사람들이지만 머리카락에는 장식도 보이고

옷의 묘사도 꽤 섬세합니다. 그러나 기하학 문양 시대의 그리스 작품들은 그렇지 않습니다.

죽은 사람을 애도하는 광경이 그려진 그리스 도자기가 있습니다. 기원전 700년경에 만들어진 것으로 추정되는 장례를 치르는 상황인데, 죽은 사람은 대 위에 안치되어 있고 아래에서 네 명의 사람들이 시신을 받치고 있습니다. 옆에는 사람들이 서서 머리 위로 손을 올리고 있습니다. 이는 당시 애도의 동작이라고 합니다. 그림 그린 방식을 보면 사람의 상체는 삼각형으로, 머리와 팔다리는 최대한 단순하게 표현하고 있습니다. 가늘고 긴, 미니멀한 형상에서 자코메티의 작품이나 르 코르뷔지에의 모듈러 인간을 떠올리면 너무 멀리 간 것일까요? 기원전 시기의 그림이 오늘날의 추상화같이 느껴지기도 합니다.

인체묘사 기법은 시간이 흐르면서 점점 발전하여 원근법에 기반으로 한 단축법을 적용하여 그림을 그릴 수 있게 됩니다. 이전까지는 이집트 화풍의 영향을 받아 다리는 옆으로, 몸통은 정면으로, 팔은 어색하고 머리는 다시 옆으로, 그런 와중에 눈은 다시 정면으로 그렸다면, 이제는 이집트 화풍에서 벗어나, 옆모습은 옆모습답게, 앞모습은 앞모습답게 변해가는 것을 확인할 수 있습니다.

장기를 두고
있는 아킬레스와
아이아스가 그려진
흑회식 도자기
디테일, 기원전
540년경,
바티칸 박물관

죽은 자의 고분에 안치된 두루마리 그림인 사자의 서에
나오는 한 장면, 기원전 1275년경, 런던 대영박물관

고졸기 미소

그리스인들은 시간이 갈수록 더욱 활발하게 항해를 하며 활동 영역을 넓혀 나갑니다. 크레타 섬을 중심으로 영역을 확장하면서 오리엔트 지역과 영향을 주고받게 되는데 그러면서 예술 경향이 변화하게 됩니다. 오리엔트 문화의 영향이 꾸준히 발견되는 시기를 '동방화 시대'라 이름하며 이러한 특징은 '아르케익Archaic 시대'라고 하는 '고졸기'까지 이어집니다. 영어로 Archaic Period, 혹은 Archaic Greece인 그리스 고졸古拙기는 Archaic이라는 단어의 뜻과 같이 '오래된', '원시적', '고대' 시기를 의미하며 그리스 단어 ἀρχαῖος에서 기원합니다. 이 시기는 고대 그리스 역사에서 기원전 600년경에서 기원전 330년경까지의 고전기 이전의 시기를 뜻합니다.

그리스 고졸기 문화예술은 도리아인들에 의해 발전합니다. 이들은 그 시대 이전까지의 단순한 형태 묘사에서 벗어나 관찰을 통해 파악한 형태들을 보다 정교하게 만들어내려는 노력을 시도했습니다. 그 결과 인물들은 전보다 좀 더 입체적이고 현실적인 모습으로 다가옵니다. 특히 고졸기 조각상들의 얼굴은 흔히 떠올리는 빈틈없이 완벽한 조각 미남의 모습은 아니죠. 실제로 주변 어딘가에 있을 것 같은 얼굴이라 더욱 친근합니다.

조각상에서 남성 입상을 '쿠로스Kuros', 여성 입상을 '코레Kore'라고 부릅니다. 쿠로스는 쿠로스대로, 코레는 코레대로 언뜻 보면 다들 비슷해보이지만, 각각 취하고 있는 자세를 유심히 살펴보면, 이들 자세가 어떻게 바뀌어 가는지 표현 방식의 변화할 수 있어 흥미롭습니다. 예를 들면, 기원전 600년경 아나비소스 쿠로스를 살펴보겠습니다. 아나비소스 쿠로스는 반듯하게 선 자세를 하고 있습니다. 한 쪽 다리를 뒤로 보내고 양손은 허벅지에 가지런하게 둔 채로 다음 걸음을 내딛으려 하다가 누군가가 갑자기 "얼음!" 하는 말을 듣고 그 모습 그대로 멈춰선 형상을 하고 있습니다. 이에 비해 기원전 560년경 모쇼포로스의 쿠로스는 송아지를 어깨에 짊어진 모습인데요. 송아지 다리는 쿠로스의 손과 어우러져 쿠로스의 몸 위로 'X'자 형상을 그리고 있습니다.

한편 기원전 520년경 아폴론을 재현한 것으로 추정하는 피레아스 쿠로스의 자세에는 다리의 움직임을 아나비스 쿠로스에서처럼 정교하게 포착함과 동시에 팔과 손동작을 살짝 더한 것을 볼 수 있습니다. 작지만 큰 변화입니다. 이런

아나비소스 쿠로스,
그리스, 기원전 530년경,
아테네 국립 고고학 박물관

송아지 운반자(모쇼포로스),
기원전 560년경,
그리스 아크로폴리스 박물관

피레아스에서 발견된 아폴로
쿠로스, 기원전 560년경,
피레아스 고고학 박물관

작은 차이점이 어떻게 서로 다른지를 비교해보면, 오랜 시
간 관찰하며 어떤 동작을 어떻게 표현할지를 고민한 조각가
의 고뇌와 열정이 어렴풋이 느껴지는 것 같기도 합니다.

여기서 하나 흥미로운 점은 남성 조각상들의 연령대를
추정을 할 수가 있다는 데 있습니다. 바로 턱수염을 보면 소
년인지 성인인지를 구분할 수 있어요. 턱이 깨끗한지 아닌
지 '이건 소년의 모습이구나.', '이건 성인 남성의 모습이구
나.' 어림짐작할 수 있습니다. 이렇게 조각상을 꼼꼼히 들
여다보면 뻣뻣한 자세로 서 있는, 돌로 만든 마네킹인가 싶

었던 쿠로스가 지금의 우리처럼 시공을 초월하여 이 세상에서 숨 쉬었던 한 사람으로, 서서히 더 자연스럽고 친근하게 다가오는 느낌으로 교감할 수 있습니다.

개인적으로 고대 그리스 시대에서도 특히 이 시기, 즉 고졸기 시대의 조각상들을 좋아합니다. 앞서 언급한 쿠로스의 미묘한 차이를 찾아보면서 비교해보는 재미에 더해, 이들이 띠고 있는 표정에도 몰입하게 됩니다. 이들 조각상들은 입꼬리가 살짝 올라가 있기 때문에 표정에서 미소를 찾아볼 수 있습니다. 어떻게 보면 애매해보입니다. 이 미소는 이 시대 대부분의 조각상들에서 특징적으로 나타나기 때문에 '고졸기 미소Archaic Smile'라고 부릅니다. '신라의 미소'가 연상되기도 하지요.

이들 미소가 인자하거나 평화로워 보이긴 하지만, 그래서 좋아하는 것만은 아닙니다. 미소의 맥락을 살펴보면, 이들이 웃을 수 없는 상황, 웃으면 안 될 것 같은 상황에서도 미소를 짓고 있다는 점이 흥미롭습니다. 기원전 490~480년경 아이기나 섬에 위치한 아파이아 신전 서쪽 페디먼트의 〈죽어가는 병사〉, 혹은 같은 신전 동쪽 페디먼트박공의 또 다른 〈죽어가는 병사〉 조각상을 보면 제 말이 좀 더 상세히 이해되실 겁니다. 활을 맞고 죽어가는 상황, 상식적으로 웃음이 부적절한 것으로 보이는 상황 가운데서도 이들 조각상의 얼굴은 미소를 머금고 있지요. 이들의 모습을 보며 저는

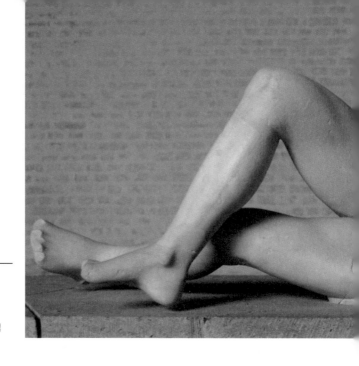

죽어가는 병사,
아파이아 신전 서쪽
페디먼트, 아이기나 섬,
기원전 490-480년경,
독일 뮌헨미술관 글립토텍

스트레스 많은 이 세상에서 어떻게 하면 지혜로우면서도 맑
은 영혼으로 천진난만하게 미소 지을 수 있을까 생각해봅
니다.

사회학에는 '현실적 낙관주의' 연구가 있습니다. 현실적
낙관주의는 과거에 대한 관용 원칙, 현재에 대한 감사 원칙,
미래를 바라보는 기회의 창 원칙이라는 세 가지 핵심 개념
을 바탕으로 합니다. '다양한 어려움에 직면하더라도 미래
에 대한 좋은 전망을 제시할 수 있는 사고방식과 삶의 방식'
으로 정의할 수 있지요.[1]

인간의 능력을 강조하며, 인간은 어려움과 고난에 직면
할 때 의지력과 유연성을 발휘하여 어려움을 극복하고 자신

의 미래를 창조한다는 신념이 깔려 있습니다.

현실적 낙관주의는 샤르티에Chartier, 1953[2], 켈러Keller, 1904[3],
만델라Mandela, 2012[4]가 각자 설명하는 철학적 시각과 삶의
관점에서 개념적 유사성을 공유합니다. 예를 들어, 알랭이
라는 이름으로 알려진 프랑스 철학자 에밀 샤르티에1953
는 "비관주의는 기질에서 나오고, 낙관주의는 의지에서 나
온다."고 말했는데요. '비관주의는 기분의 문제이고, 낙관주
의는 의지의 문제'라는 이 철학적 관점에서 낙관주의에는
'의지'가 중요한 요소임을 의미합니다. 또한 '귀머거리, 벙어
리, 맹인'으로 알려진 병을 딛고 사회복지 활동에 공헌한 미
국 작가 켈러1904 는 "진실하고 간절한 낙천주의의 햇빛 속

에 서 있으니, 나의 상상력은 미래의 구름의 장막 위에서 더욱 영광스러운 승리를 그려냅니다."라고 말하지요. 마찬가지로, 남아프리카공화국의 전 대통령인 만델라2012는 "낙관주의의 일부는 머리를 태양을 향하고 발을 앞으로 나아가는 것이다."라고 말했습니다. 고통을 대하는 태도에서도 삶을 우아하게 만들어나갈 수 있다는 것이 멋지지 않나요?

이들 외에도 검색 포털에서 '아르카익 스마일' 혹은 '고졸기 미소'라고 검색하면, 서로 다른 맥락 속에 존재한 이 시대의 미소를 다양하게 접할 수 있습니다. 그러면서 놓칠 수 없는 모습은 남성 입상, 다시 말해 쿠로스의 동작들과 신체 각 부위가 훨씬 더 자연스러워지고 있다는 점입니다. 과거 조각상에서 찾아볼 수 있는 거칠고, 어색한, 조금은 무뎌 보이는 동작들이 더 현실감 있게 표현되어 가는 것을 볼 수 있습니다. 처음에는 뭔가 단순해보이고 부족해보이기도 하는 나체 표현 방식은 세월이 흐르면서 각 신체 부위가 가진 근육과 피부결까지 느낄 수 있을 정도로 점점 더 사실적이고 나아가 미적으로 세련되고 정교해졌습니다. 조각상에서 체온이 느껴질 듯 따듯한 감정의 교류가 흐릅니다.

나체 남성 조각상이
많은 이유

　고대 그리스의 대표적인 조각상들은 유독 나체의 남성 조각상이 많습니다. 참 궁금합니다. 군이 왜 벗은 몸을 조각했을까요? 그리고 이러한 나체 입상들의 대부분은 남성의 몸일까요? 여자의 나체는 당시에도 금기시되었으며, 나체는 남성에게만 허락되었습니다. 그렇다고 남성이라고 해서 모두에게 나체가 허용되는 것도 아니었어요. 나체는 자유 시민이었던 귀족 자제들에게만 허락되는 '아름답고 고귀한' 상태로 여겨졌습니다.[5]

　또한 이 시대의 그리스인들은 '나체'를 체육인이 갖추는 '의복'의 하나, 혹은 때에 따라서 '의복 그 이상'의 의식으로 간주하였습니다. 나아가 그들이 선택하여 '입기로' 결정한 나체는 그들의 과거부터 현재의 전성기를 구분 짓고, 이방인들에게서 그들의 정체성을 확립하기 위한 방식입니다. 의복은 인간 사회에서 수치심에서 벗어나게 해주고, 장식, 기쁨, 아름다움, 이성을 유혹하기 위한 미적 이유를 가지고 있습니다. 신체를 보호하고, 출신이나 계급, 역할을 드러내는 사회적 기능을 수행하기도 합니다.

어디 그뿐일까요. 일부 사람들에게는 사악한 마법이나 악령에서 그들을 지켜주는 역할도 했습니다. 나체는 의복에 반대되는 것으로 간주하기 쉽습니다. 그러나 나체는 하나의 복식이자, 고대 그리스 사회에서는 의복이나 갑옷과 마찬가지로 사회적 부류를 구분하고, 삶과 예술에서 남녀를 구분하는 잣대였습니다.

당시 그리스의 운동 경기들은 그들이 믿었던 신앙 자체입니다. 그들이 행했던 의식과 밀접한 관계가 있습니다. 고대 그리스 시대에 운동을 했던 사람들은 직업 운동선수나 아마추어 동호인들이 아니었습니다. 오직 그리스의 명문가 자제들만이 운동 경기에 참여할 수 있었죠.

이들이 참가하는 운동 경기에서 승리한 사람은 신들에게서 축복을 받은 것으로 여겨 우러러보는 대상이 되었습니다. 경기는 신들이 축복한 증거로서 승리의 영광이 누구에게 돌아갔는지를 확인하기 위한 것입니다. 승리자의 모습을 조각상으로 남기는 것은 신의 은총의 표시를 기념하고 영원히 보존하기 위한 목적으로 이루어졌습니다. 이렇게 만들어진 조각상은 신전에 헌정되어 신에게 영광을 돌리는 데 사용되었습니다.

여기서 또 아이러니한 재미는 나체상을 비롯한 여러 조

각상들이 실제 인물보다 더 아름답고 고귀하게 신체를 표현했다는 것입니다. 실제 인물의 모습과 점점 멀어졌죠. 요즘에도 신체 형상이나 색을 보정하는 사진 필터가 장착된 앱이나 포토샵 프로그램을 사용해 모습을 더 아름답고 멋지게 만드는 경우가 많습니다. 최근에는 AI까지 등장하여 프로필을 만들어냅니다. 고대 그리스의 경우도 이와 같은 맥락이라고 보면 될 것 같아요.

그 사례로 기원전 475년경에 만들어진 청동 조각상이 있습니다. 델포이에서 출토된 〈전차 경주자〉 조각상은 대리석으로 만들어진 조각상의 눈과는 다른 눈을 가지고 있습

전차 경주자
조각상 머리 부분
디테일, 기원전
475년경, 청동,
델포이 출토

니다. 대리석의 공허하고 무표정한 표정이 아닌, 채색된 돌로 만들어진 눈을 가지고 있는 것이 특징입니다. 머리카락, 입술, 눈은 약간 도금되어 있어 전체적으로 풍요롭고 온화한 인상을 주고 있습니다. 이들 조각상은 실제 경기 승리자의 외모와는 실제로 거리가 있습니다. 다시 말해 이 조각상들을 보면서 실제 인물이 이렇게 생겼을 것이라고 상상할 필요는 없다는 뜻입니다. 신전에 바치기 위해 만드는 경기 우승자의 신체 조각상은 신의 위대함을 칭송함과 동시에, 인간에게 내려진 축복을 축하하고 기념하는 것이었습니다. 축복받은 신체 능력, 또는 신체 상태를 매우 아름답게 표현하는 것에 치중하다 보니, 신체 묘사는 점점 더 비현실적으로 아름답고 완벽한 모습으로 바뀌어갔습니다.

미론의 조각상에서도 비현실적인 아름다움을 확인할 수 있습니다. 〈디스코볼로스 Diskobolos 〉 조각상은 그리스 고대 올림픽 기원전 776년~기원후 394년 에서 최고 인기 종목 중 하나였던 원반던지기의 준비동작을 보여줍니다. 원반던지기는 고대 그리스의 병사들이 강을 건널 때, 먼저 방패를 강 반대편으로 던진 것에서 시작되었다고 해요. 한때는 이 동작이 원반을 던지는 가장 완벽한 자세일 것이라고 논의되기도 했습니다. 그러나 현대 과학이 발전하여 증명한 결과, 이 동작으로는 실질적으로 원반을 던지는 것이 불가능하다는 것이 드러났지요. 이 점은 조각상의 사실성보다도 미학적 가치가

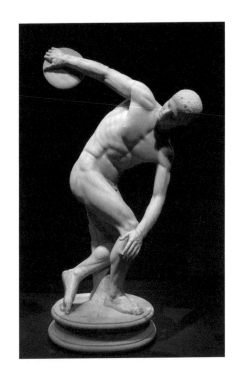

디스코볼로스, 미론 작, 기원전
450년경의 그리스 원본 청동상에 대한
로마 시대의 복제품, 대리석,
로마 테르메 국립박물관
사진: Carole Raddato(CC BY-SA 4.0)

더 우세했음을 나타냅니다. 다시 말해 미론의 조각상은 운동 경기의 한 순간의 정지상태를 현실적으로 묘사한 것이 아니라, 예술작품으로서 독자적인 의미를 지니고 있다는 뜻입니다.

이 작품은 고대 그리스 미술에 영향을 준 이집트의 미술 전통과도 연결되어 있습니다. 미론의 조각상을 살펴보면, 이집트 미술에서 살펴볼 수 있는 인물들처럼 몸통은 정면에서 본 모습으로, 다리와 팔은 옆에서 본 모습으로 표현하고 있다는 점을 포착할 수 있습니다. 각 부분에서 가장 특징적인 면을 종합하여 한 사람의 신체를 묘사하죠. 이 조각상이 표현하는 것이 원반을 던지는 데 가장 적합한 동작이지는 않더라도, 인간으로서 놀라울 정도의 단순함과 아름다움을 지니고 있어 충분히 주목할 만합니다.

신체 묘사에 아름다움을 추구하는 경향은 시간이 갈수록 무르익어 '8등신'이라는 인간의 이상적인 형상이 정립되면서 미학적 혁명이 일어나게 됩니다. 이를 만들어낸 사람은 인체의 이상적 비율을 이론화한 책 《카논Canon, 규법》을 쓴 폴리클레이토스Polykleitos 입니다. 그는 인체의 각 부분에서 가장 아름다운 비례를 수적으로 산출합니다. 이상적인 형태를 규정한 폴리클레이토스는 이 원칙을 통해 남성 체형의 아름다움을 표현하고 전통적으로 존경받는 작품을 창작하였습니다. 이렇게 만들어진 8등신 신화는 21세기 오늘날에도 이어지고 있으니, 현대가 멀지 않습니다. 아름다움에 대한 인식의 마력에 끌려갑니다.

그는 콘트라포스토Contraposto 라고 하는 자세도 고안해냅니다. 콘트라포스토는 골반과 어깨가 서로 반대 방향으로 기울어진, 흔히 쓰는 표현으로 '짝다리'를 짚은 자세로, 몸의 무게 중심이 한 쪽 다리에 있고 다른 다리는 덜 굽혀지는 형태로 표현됩니다. 이는 곧 조각이나 그림에서 인체의 자연스러운 동작과 균형을 나타내기 위해 사용되는 기법의 전형

도리포로스, 폴리클레이토스 작,
로마 시대의 대리석 복제품으로
고전적 콘트라포스토의 초기 작품,
나폴리 국립 고고학 박물관
사진: Carole Raddato(CC BY-SA 2.0)

으로 자리 잡았습니다. 이 구도는 인체의 움직임과 균형을
자연스럽게 나타내며, 조각이나 그림에서 현실적이고 우아
한 느낌을 전달하는 데 사용됩니다. 폴리클레이토스의 〈창
을 가진 남자〉에서 이를 살펴볼 수 있는데요. 이 작품에서는
오른발로 몸을 지탱하고 왼발을 유연하게 굽히고 있습니다.
이는 좌우가 대조적이면서도 조화를 이룬 것이 특징입니다.

페르시아 전쟁 승리 이후의 그리스 예술

조각상들이 만들어진 이 시기는 그리스가 페르시아 전쟁에서 승리한 후입니다. 페르시아 전쟁 승리에 큰 역할을 한 아테네는 전쟁 이후 전성기를 누리게 되는데, 그리스의 많은 폴리스들은 아테네와 동맹을 맺습니다. 아테네의 군대는 점점 강력해지면서 아테네 자체도 강대해졌지요. 이 시기에 권력을 잡은 페리클레스는 동맹국의 협력을 통해 쌓아 올린 재력을 기반으로 아테네의 민주주의와 문화예술의 전성기를 이루었습니다. 이 시기는 기하학 문양의 시대, 동방화 시대, 고졸기를 거쳐 등장하는 기원전 600년경부터 기원전 330년경까지로 알려진 고대 그리스 문화의 전성기인 고전기로 분류합니다.

이후 기원전 330년경 알렉산더 대왕에 의한 제국의 건설은 그리스 미술에 있어서 매우 중요한 사건입니다. 제국의 건설로 나타나는 헬레니즘 미술은 작은 도시국가를 벗어나 세계의 절반에 해당하는 거대한 국가의 예술로 발전합니다.

라오콘과 그의 아들들,
기원전 175~150년경,
대리석 군상,
바티칸 피오
클레멘티노 박물관

그리스 미술이 다양한 지역에서 인식되고 주목받을 수 있게 된 계기가 만들어졌지요. 알렉산더 대왕이 건설한 제국의 수도로서 이집트의 알렉산드리아, 시리아의 안티오크, 그리고 소아시아의 페르가몬 등에서는 도리아인들이 추구했던 단순하면서도 강렬한 예술 기풍, 혹은 이오니아인들이 추구했던 섬세하고 우아한 예술 기풍에서 벗어나 훨씬 장대하고 화려한 아름다움이 나타났습니다.

이러한 도시들이 그리스로 영입되면서 그리스 본토 미술가들은 그 전까지 그들이 일반적으로 경험해본 것보다 더욱 장대하고 규모가 큰 작품들을 창작할 수 있었죠. 이를 통해 그리스 미술은 제국의 영향력과 번영을 반영하여 기원전 31년경에 이르기까지, 전보다 더욱 드라마틱한 양식과 표현 방식을 개척하고 발전하게 되었습니다.

헬레니즘 시대 예술의 정점에 나타난 〈라오콘과 그의 아들들〉은 이러한 변화를 잘 나타냅니다. 이 작품은 동포들에게 그리스 군인들이 숨어 있는 목마를 받아들이지 말라고 경고했던 트로이의 사제인 라오콘 때문에 트로이를 멸망시키려는 계획이 좌절되자, 신들이 바다에서 두 마리의 거대한 뱀을 보내어 라오콘과 그의 두 아들들을 질식시켜 버린다는 이야기를 담고 있습니다. 그리스 로마 신화에서 자주 등장하는 올림포스의 신들이 인간들에게 행하는 무정하고 잔인한 이야기 중 하나로 라오콘의 몸통과 팔의 근육, 그리고 얼굴에 새겨진 고통의 표정은 가망 없는 싸움과 고통을 표현하고 있습니다. 라오콘의 두 아들들은 벗어날 수 없어 괴로워하는 몸부림을 보여줍니다. 이 모든 소동과 움직임이 조각을 통해 순간적으로 포착됩니다.

여기서 살펴볼 점은 인간이 경험하는 희로애락과 상상력을 가미하여 창조해낸 장면이 갖는 극적인 역동성과 대담한 표현성, 그리고 이들로 배가되는 작품 자체가 내포한 강력한 스토리텔링일 것입니다. 또 다른 측면에서 이는 고대 이집트 시대의 예술작품이 가지고 있던 주술적 기능이 사라진 것으로도 볼 수 있습니다. 이야기를 전달하려고 하는 한 예술가가 자신의 의지를 담아서 무엇인가를 표현하는 방식으로 넘어가는 변화입니다. 이러한 작품을 통해 헬레니즘 시대에 들어 미술은 주술적이고 종교적인 전통을 상실했다고 추정할 수 있게 됩니다. 앞서 살펴본 이 모든 예술적 기풍과 역사적 사건들을 통해 변해가는 과정이 그리스 신전 건축 곳곳에 스며 있습니다.

그리스 신전으로 살펴보는 그리스 건축

건축에는 정서적 변화를 일으키는 힘이 있습니다. 잘 만들어진 건축 공간에서 우리는 기쁨이나 슬픔, 강함 또는 약함, 웅장함과 신성함과 같은 여러 차원의 결을 섬세하게 느낄 수 있습니다. 그리고 이는 교회, 예배당, 회당, 불교 사원, 모스크 등 인간의 강렬한 믿음과 숭배의 정신이 살아 숨 쉬는 종교적 공간에서 가장 강렬하게 표현되곤 합니다. 수세기 동안 종교는 세계에서 가장 아름다운 건물의 디자인을 촉발했습니다.

이러한 예시에서 고대 그리스 신전이 빠질 수 없습니다. 깊은 숲 속에 있을 때 혹은 높은 절벽 끝에 섰을 때 자신도 모르게 자연에 대해 경외감을 느끼는 것과 마찬가지로 높게 우뚝 선 석조 기둥들과 화려한 장식들, 시각적으로 엄중하게 다가오는 비례미와 질서의 감각, 경로를 따라 공간이 깊어질수록 변화하는 빛의 강약 등에서 유사한 감정을 느낄 수 있죠. 공간을 신성하게 만드는 요소들을 고대 그리스 건축에서 찾아볼 수 있습니다.

신전은 신을 위한 집입니다. 사람이 사는 곳이 아닌, 말 그대로 신이 머무는 공간, 성소입니다. 성소는 일반적인 공간과 다릅니다. 어떻게 다를까요? 20세기를 대표하는 건축 사학자이자 이론가 기디온은 피라미드, 지구라트, 그리고 그리스 신전에서 확인할 수 있듯 인간을 초월한 존재를 전제하는 건축에는 '수직성의 권위'가 있다는 점에서 다르다고 설명합니다.[6] 수직성의 권위에서 이들 건축물은 '공간을 발산하는 볼륨'으로 건축적 특징을 지니게 됩니다.

높이와 규모의 차원이 극대화된 '공간을 발산하는 볼륨으로서의 건축'이라는 특징은 수메르와 이집트를 거쳐 그리스에서 꽃 피운, 서양의 민주주의 의식을 따르면서도 신을 위한 독특한 아이덴티티를 가지고 있습니다. 선사시대, 다시 말해 건축이 이루어지기 이전 시대 선건축시대, Prearchitectural Era 의 공간 개념은 자유로웠습니다. 그러나 건축 행위가 이루어지기 시작한 이래로 전제군주제를 따랐던 이집트이든 민주주의를 따랐던 그리스의 독립적인 도시국가 폴리스들이든 동일한 공간 개념을 공유하게 됩니다. 바로, 바닥부터 위를 향하는 수직상향 공간을 형성합니다. 이 수직성은 단순히 아래에서 위로의 방향성을 초월하여 권위를 자랑할 만한 규모로 확산합니다. 수직성은 최종적으로 거대한 볼륨을 구성하며 대지 위에 자리하게 되는 것이지요.

고대 이집트 카르낙 신전

경쟁적인 성격은 그리스 건축과 문화의 발전을 촉진하고, 서로 경쟁하며 아름다운 신전과 건축물들을 건설하는 데 기여하게 됩니다. 이렇게 발전한 그리스 건축은 독특한 양식과 기술로 서양 건축의 발전에 큰 영향을 줍니다.

그리스 신전은 기본적으로 하이포스타일Hypostyle 입니다. 기둥으로 지지되는 지붕이 있는 공간을 건축에서 하이포스타일이라고 하는데 Hypostyle이라는 단어는 고대 그리스어 ὑπόστυλος Hypóstylos 에서 '열 아래ὑπό[Hypó]는 아래, στυλο ς[Stŷlos]는 열을 의미합니다. 고대 문명의 신전에서는 이와 같은 하이포스타일 공간이 많았습니다. 고대 이집트 카르낙 신전도 대표적인 하이포스타일 공간입니다.

고대 그리스 신전의 평면을 보면 일반적으로 신전의 중심부에는 신상 안치실이 위치하며, 이 안치실과 현관은 두 개의 원기둥과 벽기둥에 의해 분리됩니다. 이와 같이 넓고 어두운 하이포스타일 홀에 들어서면 마치 우거진 숲에 들어간 느낌을 받습니다. 일부 신전에서는 신상 안치실 뒤편에 추가적인 현관이 더해져 깊고 내밀한 공간에 대칭을 가미하여 공간을 더욱 강조하기도 합니다. 규모가 더 큰 신전은 신상 안치실을 열주로 둘러싸고 있는데, 이러한 구조를 페립테로스Peripteros 라고 부릅니다. 이러한 구조는 신전의 외부를 더욱 화려하고 장식적으로 만들어주며, 신성하고 아름다운 분위기를 조성합니다.

평면 구성은 기원전 7세기에서 기원전 6세기 무렵에 그리스에서 발달한 건축 양식으로 도릭Doric , 이오닉Ionic , 코린트Corinthian 양식으로 분화합니다. 각각의 양식은 처음에는 목조로 이루어졌지만, 기원전 7세기경부터 석조 신전이 세워지기 시작하여, 그후 서양 건축의 규범이 되는 형식미를 완성시켰습니다. 각 양식은 서로 다른 기둥 형태와 장식 요소들을 가지고 있으며, 신전의 형태와 디자인에 있어서 상당한 발전을 이뤄냈습니다. 고전 양식과 조각을 포함한

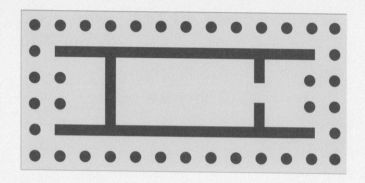

페립테로스 평면

도릭, 이오닉, 코린트 양식

그림: Maurizio Bolognini, Museo Tattile
Statale Omero Archive.

56

그리스 아테네의
파르테논 신전

그리스 예술은 로마 시대 끝까지 지속하여 변형되고 발전하
며 훌륭한 규범으로서 표현되었습니다.

도릭 양식은 단순하고 강한 느낌을 풍깁니다. 도리아인들
이 추구했던 예술기풍에 비해 이오니아인들이 추구했던 예술
기풍인 이오닉 양식은 상대적으로 세련되고 가늘고 우아한
느낌이 강합니다. 코린트 양식은 도릭 양식이나 이오닉 양식
과는 다른 새로운 예술기풍을 시도하면서 발전했는데, 아칸
서스 잎이 펼쳐진 기둥으로 장식이 화려한 모습입니다. 그
런데 예술 풍조가 시간이 갈수록 더 섬세하고 화려해지는
과정 중에서도 변하지 않는 구조와 원칙들이 있었습니다.
바로 기둥 두 개와 그 위를 가로지르는 인방보이 만드는 구

그리스 수니온의
포세이돈 신전

미국 워싱턴 D.C.의
링컨기념관

조입니다. 그리스 신전 건축도 구조의 기본 단위는 영국 잉글랜드의 스톤헨지와 같은 기둥과 보로 이루어진 구조, 고인돌 구조라 말할 수 있습니다. 이 단위 구조가 여러 번 반복되고 발전하면서 신전 건축으로 자리 잡은 것이지요.

도릭 양식은 기단에 주초를 두지 않습니다. 기단에서 바로 기둥을 쌓고 장식 없는 납작한 직육면체의 주두를 올립니다. 도릭 양식은 직선이기에 간결하고 힘차다, 간소하고 중후하다, 혹은 남성적이다라고 표현합니다. 그리스 아테네의 파르테논 신전, 수니온 지역의 포세이돈 신전, 현대 건축으로는 1922년 건립된 미국 워싱턴 D.C.의 링컨기념관을 들수 있습니다.

기원전 7세기 초부터 소아시아 에게 해 연안에 거주하던 이오니아인 사이에서 발달한 이오닉 양식은 기원전 6세기 이후 아테네를 비롯하여 그리스 전역으로 전파되었습니다. 도릭 양식과는 대조적으로 이오닉 양식은 여성적인 경쾌함과 우아함이 특징입니다. 오리엔트 세계의 영향을 받아 더욱 섬세하고 아름답지요. 건축에서는 대접받침 장식에 전아典雅한 소용돌이 모양을 채택하여 날씬한 기둥에 주춧돌을 앉히고, 대들보를 부조浮彫로 장식하는 등 도릭 양식과는 크게 대조를 이룹니다. 조각에서도 이오닉 양식은 여성의 섬세하고 아름다운 의상 표현에서 특징을 엿볼 수 있어요. 그리스 미술에서 우아함과 격조를 더욱 강조하는 데 사용되었

그리스 아테네의 니케 신전

영국 런던의 대영박물관

지요. 대표 건축물로는 그리스 아테네의 니케 신전이 있으며, 17세기 몬터규 저택을 개조한 영국 런던의 대영박물관도 이오닉 양식의 예로 들 수 있습니다.

한편, 알렉산더 대왕이 거대한 제국을 건설하면서 그리스 미술은 상당한 변화를 겪게 됩니다. 작은 도시국가의 한계를 넘어서서 아시아까지 확장하면서 그리스 미술은 자연스럽게 변화하게 되었으며, 그리스 미술과 구분되어 헬레니즘 미술이라고 불리게 되었습니다. 헬레니즘 미술은 동방에 건설된 제국의 이름에서 따온 것으로, 화려한 장식적 특징을 갖추고 있습니다. 코린트 양식은 헬레니즘 미술에서 나타난 양식 중 하나로, 아칸서스 잎을 묶은 듯한 주두柱

아칸서스 잎

그리스 아테네의 제우스 신전

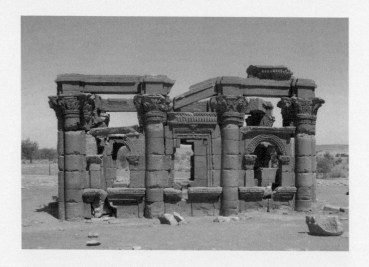

아프리카 북부 수단 나카(Naqa)의
하토르(풍요의 신) 신전

頭, capital 형태가 특징이며 건축물 전반에 화려한 장식이 많이 가미되었습니다. 특히 아프리카 북부의 하토르풍요의 신 신전 유적지에서 볼 수 있듯 아프리카 대륙 혹은 동방에서 새롭게 건설된 로마의 식민도시에서 많이 사용되었으며, 호화롭게 장식된 건물의 기둥 양식으로 널리 사용되었습니다. 대표적인 예는 그리스 아테네의 올림피아 제우스 신전이 있습니다.

그리스 건축 양식은 신전 중심으로 시작되었지만, 이후에는 근대 건축과도 유사한 원리와 원칙을 가진 전통적인 양식으로 계승되었습니다. 그리스의 민주주의와 문화적인 특성은 건축에서도 나타납니다. 그리스의 건축은 이집트의 건축과 비교했을 때 인간적인 규모를 가지고 있습니다. 이집트 건축은 종종 거대하고 신격화된 지배자들의 힘과 권력을 상징적으로 나타내는 형태였으나, 그리스 건축은 보다 개인과 공동체를 중시하는 인간적인 면모를 보여주는 것이죠. 이러한 경향은 이어지는 로마 제국의 건축으로 계승되면서 로마만의 독창적인 건축을 발전시키는 밑거름이 됩니다.

2장

로마의 건축과 예술

로마는 기원전 146년 코린토스 전투Battle of Corinth에서 그리스에 승리하면서 그리스를 지배합니다. 그리스는 로마 제국의 일부가 되었고 그리스의 독립적인 역사는 막을 내리게 되죠. 그러나 문화적으로 로마는 고대 그리스의 영향 아래 있었습니다. 로마는 그리스 문화를 존중했습니다. 그리스의 예술 형태는 물론이고 그리스의 신화와 종교도 계승했지요.

"정복된 그리스가 자신의 정복자로마를 정복했다."

Graecia Capta Ferum Victorem Cepit

이것은 로마 시인 호라티우스가 한 말인데요. 그리스 문화가 로마에 큰 영향을 끼친 것을 강조합니다.

그리스가 로마에 준 영향은 곳곳에서 나타납니다. 호메로스의 서사시는 로마 시인 베르길리우스가 서사시 〈아이

네아스)를 쓰는 데 영감을 주었고, 세네카와 같은 작가들은 그리스 문화에 영향을 받아 작품을 창작했습니다. 로마의 전쟁 영웅들 중에서 스키피오 아프리카누스 같은 인물들은 그리스 철학을 공부하고 그리스 문화와 과학을 즐겼어요. 물론 모두가 그리스를 선망했던 것은 아니어서 그리스 문화를 경멸한 사람들도 있었습니다. 그러나 대부분의 로마 황제들은 그리스 문화를 즐겼어요. 예를 들어, 황제 네로는 기원후 66년에 그리스를 직접 방문하기까지 합니다. 그리스의 올림피아 경기에 참가하면서 그리스 문화를 높이 평가하고 그리스와 로마 사이의 문화 교류를 촉진했지요. 이렇게 로마와 그리스 사이의 문화적 상호작용은 역사적으로 중요한 영향을 미쳤으며, 그 결과로 로마 문화에는 그리스 문화의 흔적과 영향이 깊이 자리 잡았습니다.

힘의 표상,
기술의 결합

　로마는 로마 왕국, 로마 공화정, 그리고 로마 제국으로 진화합니다. 이후 서로마 제국과 동로마 제국으로 나뉘어 존속했지요. 로마는 이탈리아 반도의 소수 이주 왕국으로 시작하여 에트루리아인의 지배 아래에서 발전한 후, 힘을 키워 고대 카르타고, 헬레니즘 제국, 켈트 등을 정복하고, 결국 유럽과 지중해 연안 대부분을 손에 넣습니다. 로마는 군사 전략과 무기 연구 및 개발 등을 체계적으로 추진하였으며, 군복무를 시민의 명예로 여긴 덕분에 군사적으로도 강력했습니다. 공화정 말기에 발생한 문제로 인해 로마가 무너졌지만 그때까지 로마는 최강의 군사적 능력을 갖추었으며, 다양한 전술을 적용하여 병력의 품질 면에서도 뒤처지지 않았습니다.

　로마는 공학에서도 우수한 성과를 이뤄냈습니다. 로마와 구분지어 부르는 고대 로마Roma Antiqua는 서로마의 붕괴와 함께 로마 제국의 서유럽 통제력이 감소하면서부터라는 학계의 일반적인 시각에 따라, 이탈리아 반도에 위치한 로마에서 시작하여 로마 왕국의 시작인 기원전 753년부터 기원후 476년 서로마가 몰락하기 전까지 이어진 로마 문명을 의미합니다. 이후에도 로마 문명은 동로마로 이어지다가 중세 시대의 끝자락이었던 1453년에, 동로마의 소멸과 함께 종식되었습니다.

로마의 진정한 힘은 문화적인 영향력입니다. 현재의 서양 법률의 기반은 로마법에 두고 있으며, 한국, 중국, 일본을 포함한 아시아 국가들도 로마법의 영향을 받아 법률을 제정하였습니다. 전 세계 어디에서도 로마법의 영향을 찾아볼 수 없는 곳은 없습니다. 언어 면에서도 그렇습니다. 라틴어는 현재 모국어로 사용하는 사람은 없지만, 여전히 다양한 학술 용어로 사용되어 지속적인 영향을 미치고 있습니다.

더 나아가, 로마 시대에 건설된 도로 중 일부는 현재도 이탈리아와 남유럽, 동유럽 일부 국가에서 보존되어 있습니다. 모든 길은 로마로 통한다는 말을 들어보셨지요? 도로는 로마 군사의 발 빠른 파견과 물류 수송을 위해 중요한 역할을 하였습니다. 로마의 도로는 현대의 아스팔트 도로와 견줄 만한 내구성을 가지고 있습니다. 건축 하나하나를 얽히고설킨 살아 숨 쉬는 도시로 만들어내기 위해서는 건물과 건물, 공간과 공간을 '연결'해야 합니다. 다시 말해 개개인을 위한 건축을 공공의 도시로 '엮어내는' 제반시설이 있어야 가능한 것이죠. 제국을 통치하고 거대한 도시를 정비하기 위해서는 교량과 수도 시설 등이 필요했을 것입니다. 사람들이 함께 문화를 즐길 수 있는 욕장, 극장, 경기장 등 다채로운 기능의 건축물도 필요했겠지요.

로마인들은 그리스의 건축 예술적 유산을 바탕으로 새로운 건축 기술과 자재를 창조적인 디자인과 결합하여 새로운 건축 구조들을 만들어냅니다. 로마 건축의 많은 혁신은 로마 사회의 변화하는 실질적인 요구에 대한 대응입니다. 이러한 프로젝트들은 모두 로마 전역에 펼쳐지고 영속성을 보장하기 위해 자금을 지원하고 조직하며 확대하는 국가적 지원을 바탕으로 이루어졌습니다. 그 결과, 판테온, 콜로세움, 카라칼라 대욕장 등 로마의 위대한 건축물과 이를 가능하게 한 구조 공법은 오늘날까지 남아 있습니다.

로마 건축은 '힘의 표상이자 기술의 결합'이라고 요약할 수 있을 듯합니다. 그중 로마 건축의 바탕에 있었던 대표적 구조 공법으로 '반원형 아치'를 들 수 있는데요. 로마인들은 그들의 기술적 상징과도 같은 이 반원형 아치를 왜, 그리고 어떻게 고안해냈을까요?

반원형 아치를 생각하기에 앞서 아치가 왜 필요했고, 어떤 방식으로 만들 수 있었는지 생각해봅시다. 간단히 방 하나의 어떤 공간을 만든다고 상상해보는 거예요. 여기엔 사람이 오고갈 수 있게 출입구가 필요하고 창문도 있으면 좋을 것 같습니다. 개구부를 만드는 건데요. 먼저 사람이 오갈 수 있는 통로 정도로 간격을 두고 자재를 쌓아 올려봅니다. 이렇게 벽을 만들고 나면 지붕이 필요하게 됩니다. 그래서 지붕을 지탱할 수 있는 가로 부재들을 걸쳐주게 됩니다. 이 가로 부재를 건축 용어로 인방 혹은 보라고 부릅니다. 이들은 통로를 위해 벌어진 간격을 충분히 덮을 만큼 긴 부재여야 하는데, 매번 원하는 크기에 맞는 자재를 구하는 것도 여간 스트레스가 아니었을 겁니다. 그래서 사람들은 인방 없이 원하는 크기의 개구부를 자유자재로 만들 수 있는 방법을 생각해냈습니다.

가장 쉬운 방법은 벽돌을 조금씩 밀어내면서 쌓아 올리는 것이었습니다. 만약 밀어낸 길이가 벽돌 길이의 절반을 넘지 않는다면 벽돌은 무너지지 않고 견딜 수 있을 겁니다. 이렇게 벽돌의 절반 정도씩 밀어 올리며 벽돌을 위로 쌓으면 어느 지점에 가서는 벽돌들이 서로 맞붙게 되고 개구부가 생기게 됩니다. 레고 블록을 쌓아 개구부를 만든다 생각하면 가장 쉽게 이해가 될 것 같기도 하네요. 이런 방식으로 삼각형 형태로 벽돌을 쌓아 올린 구조를 '코벨 아치'라고 부릅니다.

코벨Corbel 이란 원래 건축에서 위에서 가해지는 압력을 지탱하거나 구조적인 지지를 제공하기 위해 사용되는 돌, 나무, 쇠 등으로 만든 구조적 장식물 또는 지지체를 가리키

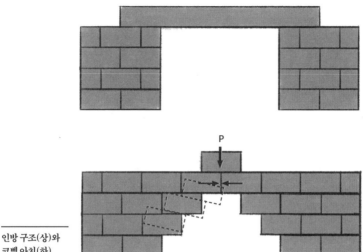

인방 구조(상)와
코벨 아치(하)

는 용어입니다. 이러한 구조물은 종종 벽면의 아래 부분에서 처마나 지붕을 지탱하기 위해 사용됩니다. 코벨은 보통 프로젝트의 아치형 부분에서 벽면에서 밖으로 뻗어 나와 구조적인 지원을 제공하며, 시각적으로도 장식적인 역할을 합니다.

코벨은 신석기시대부터 사용되기 시작한 것으로 추정됩니다. 다양한 문화와 건축 양식에서 코벨은 여러 형태와 장식으로 나타났으며, 예술과 디자인에도 영향을 주었습니다. 코벨은 종종 '태슬Tassel'이라고도 불립니다. 이 이름은 주로 영국에서 사용되며, 코벨의 형태나 역할을 나타내는 용어 중 하나입니다. 벽돌을 조금씩 빼내며 쌓아올리는 '코벨링' 기법으로 만드는 코벨 아치는 고대 이집트나 지중해 연안 등 다양한 지역에서 발견됩니다. 기원전 1250년경에 그리스 미케네에 건설된 아트레우스 보물창고Atreus Treasury 는 그 중 하나로 코벨 아치와 둥근 천장을 특징으로 합니다.

코벨 아치 윗부분에 하중이 가해지면 서로 맞물린 부재들은 아래로 기울어져 떨어지려고 하고, 그 과정에서 부재들끼리 밀어붙이며 힘이 발생합니다. 이렇게 하중이 어느 정도 균등하게 전달되며 돌이나 벽돌을 서로 지탱할 수 있습니다. 코벨 아치는 아직까지는 우리가 상상하는 반원형의 아치는 아닙니다. 코벨 아치에서 기술이 한 단계 나아가 만들어진 것이 바로 반원형 아치라 할 수 있습니다. 반원형 아치는 로마 시대에 가장 많이 사용되고 발전되었는데요. 아치의 가장 기본적인 형태로 높이가 넓이의 절반이 되는 반원 모양의 아치입니다.

반원형 아치는 아치를 구성하는 부재들, 다시 말해 홍예석과 최상단에서 홍예석을 꽉 잡아주는 이맛돌이 서로가 서로를 지탱하며 누르는 힘이 발생합니다. 이 힘으로 무너지지 않습니다. 이 힘을 압축응력이라고 하는데요. 압축응력은 왜 발생하게 되는 것일까요? 모든 사물은 중력에서 벗어날 수 없습니다. 아치에 사용된 돌이나 벽돌에도 아래 방향으로 향하는 중력이 작용합니다. 하지만 아치에 쓰인 돌이나

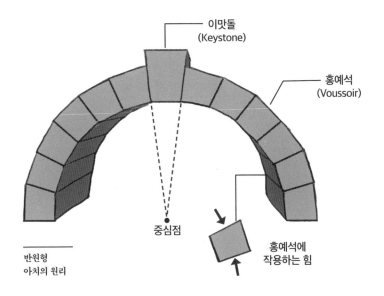

이맛돌
(Keystone)

홍예석
(Voussoir)

중심점

반원형
아치의 원리

홍예석에
작용하는 힘

벽돌은 양쪽 홍예석에 맞물려 있기 때문에 중력은 벡터의 평행사변형 법칙에 따라 양쪽으로 분할됩니다. 따라서 연직 방향의 중력은 평행사변형으로 분할되며 홍예석을 따라 흘러가게 되지요. 홍예석 한 개를 따로 떼어보면, 양쪽에서 누르는 힘이 작용하고 내부에 압축응력이 발생한다고 볼 수 있습니다.

자연에서 쉽게 구할 수 있는 돌이나 벽돌은 쌓아올릴 때 발생하는 힘에 강합니다. 또한 내구성도 우수하기 때문에 돌을 이용한 아치 구조는 재료의 특성에 맞게 만든 구조라고 할 수 있습니다. 특히 양질의 석재가 풍부한 서양에서는

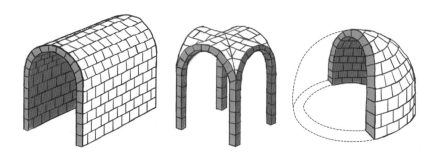

반원형 아치에서 변형되어 발전한 구조들,
좌측에서부터 배럴볼트, 교차볼트, 돔

석재를 활용한 건축 유산이 매우 풍부합니다. 근대 이후의
건축사가 새로운 재료인 철, 유리, 시멘트의 대량 생산과 함
께 발전한 철근 콘크리트와 철골 구조로 시작한다면, 근대
이전의 건축사는 곧 아치 구조 시스템의 발전사라고까지 할
수 있습니다.

로마 시대에는 아치를 확장시키는 방식에 따라 볼트Vault
나 돔Dome 을 사용하여 대공간을 만들어냈습니다. 예를 들
어 아치를 일렬로 배열하면 공간이 형성되는데, 이러한 배
열의 아치를 배럴 볼트Barrel Vault 라고 부릅니다. 배럴 볼트
를 교차시키면 교차 볼트, 360도로 회전시키면 돔이 됩니다.
이런 구조를 통해 반원형의 터널 모양으로 공간을 확장할
수 있었습니다. 배럴은 대형 통을 말하는데, 이름에 딱 어울
리는 공간이지요. 로마는 반원형 아치를 적극적으로 사용했

습니다. 대규모로 빠르게 구조물을 만들기 위해서는 동일한 형태를 반복하는 것이 효율적이었습니다. 이와 같이 반원형 아치를 '유닛Unit'으로 활용하여 만든 가장 대표적인 건축물 가운데 하나가 콜로세움입니다.

문화와 엔터테인먼트의 중심지, 콜로세움

　콜로세움은 로마 제국 시대에 건축된 거대한 경기장으로, 자그마치 8만 명 정도의 관중을 수용할 수 있었다고 알려져 있습니다. 콜로세움은 언덕이나 자연 지형에 의존하

콜로세움

지 않고 완전히 독립적으로 건설된 건축물입니다. 그 길이는 189m, 너비는 156m, 면적은 24,000m²로 거대한 규모를 자랑합니다. 콜로세움의 외벽은 높이 48m에 달하며 석회암 Limestone 으로 만들어졌습니다. 외벽에는 도릭 양식, 이오닉 양식, 코린트 양식의 기둥이 층별로 달리 사용되어 외벽을 아름답게 장식했습니다. 2층과 3층의 아치에는 신화 속 등장인물의 조각상들이 세워져 그 화려함을 더했습니다.

콜로세움은 1990년대부터 현재까지 복원사업에 의해 관리되고 있습니다. 기원후 5세기에 일련의 지진으로 인해 건물이 손상되었고 방치되다가, 20세기에 들어서는 원래 건물의 거의 3분의 2가 파괴되었기 때문입니다. 그럼에도 유닛을 기반으로 만들어낸 이 고대 대규모 공간은 오늘날까지도 많은 영향을 미치고 있습니다. 특히 대형 운동 경기나 관중들이 모이는 스타디움들은 현대에도 이러한 구조를 따르는 경우가 많습니다.

콜로세움 내부에는 200여 개의 가죽 차양이 설치되어 관중들에게 태양빛과 비를 차단할 수 있도록 했습니다. 이 가죽 차양은 경기장의 3분의 2를 덮을 수 있었으며, 안쪽으로 기울어진 형태를 가지고 있어 공기의 흐름을 향상시켰다고 알려져 있습니다. 콜로세움에는 약 80개의 출입구가 있었고, 관중들의 빠른 유입과 퇴장을 위한 효과적인 방법이 고려되었습니다. 각 게이트 앞에는 로마 숫자로 표시된 번호

콜로세움의 기둥,
1층에 도릭, 2층에
이오닉, 3층에 코린트
양식이 각각 적용된
것을 확인할 수 있다.

숫자가 표시된 콜로세움
게이트(LII는 52를
의미한다)

가 부여되어 있습니다. 이로써 관중석 혹은 게이트를 구분
할 수 있었습니다. 예를 들어, '14번 XIV'과 같이 표시된 것을
보고 특정 구역이나 게이트를 가리킬 수 있었던 것이죠. 관
중들은 입장 시에 도자기 파편 형태의 입장권을 받아서 그

콜로세움은 다양한 재료로 건설되었다.
사진 앞쪽으로는 벽돌이 사용되었음을 확인할 수 있다.

번호로 자리를 찾았으며, 출입구와 통로를 통해 좌석으로 이동할 수 있었습니다. 이러한 구조는 사람들을 빠르게 대피시킬 수 있는 역할을 했습니다.

뿐만 아니라, 콜로세움은 층별로 다른 재료를 사용하여 구축되어 있습니다. 1층은 무거운 돌로 하중을 지탱하도록 설계되었고, 그 위에는 더 가벼운 벽돌과 콘크리트를 사용하여 무게를 줄였습니다. 이러한 구조적인 설계는 건물 전체의 안정성을 확보하면서도 적절한 무게 분포를 통해 건축물을 지탱하는 데 도움이 되었습니다. 층별로 다른 재료와

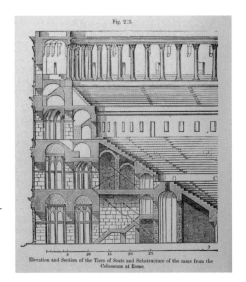

콜로세움 입단면도
출처:Rosengarten A.
(1927), *A Handbook of
Architectural Styles*, Chatto
and Windus.

스타일을 사용함으로써 콜로세움은 더욱 아름답고 독창적인 건축물로 완성될 수 있었습니다.

콜로세움 내부의 좌석 배치는 로마 사회의 계급과 신분에 따라 엄격하게 구분되어 있습니다. 이러한 배치는 사회적 계급과 지위에 따라 관람객들을 분류하고 각각의 위치에 배치하는 데 사용되었습니다. 지위가 높은 사람들은 경기장과 가까운 하부의 좌석을 사용할 수 있습니다. 특히 황제와 베스타 사제들에게는 가장 전망이 좋은 북쪽과 남쪽의 자리가 할애되었으며, 바로 옆에 원로원 의원들을 위한 넓은 연단들이 배치되었습니다. 현재 콜로세움에는 5세기경 원로

콜로세움 지하공간과 정면 한가운데 보이는
죽음의 문

원 의원들의 이름들이 새겨져 있는데, 이는 그들의 자리가
어디인지 미리 알려주기 위한 것으로 추정합니다. 상위 계
급을 제외한 귀족이나 기사 들은 그 위의 좌석들을 사용했
습니다. 다시 그 위의 좌석들은 로마의 평민 중 부유한 자와
가난한 자로 나누어져 배치되었습니다. 오늘날의 공연장, 극
장도 좌석 가격이 이와 유사하다는 점이 흥미롭습니다.

경기장 자체의 크기는 길이 83m, 너비 48m로 모래를 덮
은 나무 바닥의 경기장 아래에는 복잡한 지하공간이 조성되
어 있습니다. 이 지하 구조물들은 노예와 검투사 들이 경기

직전까지 자신의 순서를 기다리고, 맹수와 동물 들이 이곳에서 갇혀 대기하는 장소였습니다. 이 구조물들은 경기장 근처의 마구간과 연결되어 있어 동물과 조련사 들이 경기장으로 쉽게 이동할 수 있으며, 황제와 베스타 신녀들도 이 터널을 통해 군중의 시선을 피해 경기장으로 들어올 수 있습니다.

경기장 내부에는 엘리베이터와 도르래와 같은 기계 구조물을 설치하여 동물들을 빠르게 경기장 내부로 이송할 수 있게 했고, 나무와 조형물들도 이런 기계를 통해 들어오거나 내려갈 수 있습니다. 일부 기계는 근처 수로와 연결되어 있어 경기장 내부에 물을 공급할 수 있었다고 전해집니다. 이 지하 구조물들은 콜로세움의 다양한 사용 목적을 지원하고 경기를 더욱 흥미로운 것으로 만들어줍니다. 콜로세움 한가운데에 보이는 문은 경기 도중 사망한 사람, 혹은 죽은 동물을 옮기는 죽은 자를 위한 문입니다.

콜로세움은 검투사 경기뿐만 아니라 다양한 행사를 개최하는 장소로 사용됩니다. 주로 개인이 주최하는 행사인데요. 주최자의 권력과 부를 과시하고 가문의 명예를 높이는 기회였습니다. 콜로세움에서 가장 인기 있는 공연 중 하나는 동물 사냥입니다. 주로 아프리카와 중동에서 수입된 야생 동물들이 등장했으며, 코뿔소, 타조, 호랑이, 사자 등이 주요 구경거리였습니다. 이 동물 사냥은 정교한 세트장에서 진행되었고, 대중은 이 공연을 열광적으로 관람했습니다. 특별한 행사는 수천 마리의 동물들이 희생될 정도로 큰 규모로 열리기도 했습니다.

검투사 경기 또한 콜로세움에서 열리는 주요 경기였습니다. 검투사들은 주로 노예나 전쟁 포로 들 중에서 선택되었으며, 서로 결투를 벌이거나 다양한 종류의 동물을 사냥하였고 군중들은 열광했습니다. 검투사가 훈련을 받고 승리를 거두면 영웅으로 대우받을 수 있었습니다. 또한 검투사들은 관중들에게 애국심과 공포심을 불러일으키는 정치적인 목적으로도 사용되었습니다.

그런가 하면 콜로세움 초기에는 모의해전이 열렸다는 기록도 있습니다. 고대 로마의 역사가 디오 카시우스Cassius Dio, 165~235 에 따르면, 로마 황제 티투스Titus 는 경기장을 물로 채워 해전을 재현하는 '나우마키아Naumachiae' 혹은 '나발리아 프로엘리아Navalia Proelia'를 개최했습니다.[1] 물이 경기장으로 흐르게 하여 해전을 모방할 수 있게 한 것입니다. 물은 클라우디오 수도Claudio Aqueduct 의 한 지류에서 끌어와,[2] 물을 저장하는 시스테르나Cisternae 에 두고 수로로 북쪽에 있는 콜로세움에 전달했을 것으로 추정합니다.[3]

경기장 지역에 물을 공급하는 시스템에 관한 가설은 활발하게 연구되지 않아 명확하지 않은 부분이 여전히 많습니다.[4] 그럼에도 역사 연구[5]와 더불어 현대 시뮬레이션 공학기술로 로마 제국의 가장 크고 유명한 원형 건축물인 콜로세움에 물

고대 로마에서 동물끼리 또는 동물과 인간과의 싸움을
일컫는 베나티오 경기 장면 모자이크,
기원후 300~400년경, 이탈리아 로마 보르게세 미술관

을 채우는 것을 추정하고 분석해보는 연구논문[6,7]도 있습니다. 그러니까 흥미를 가지신 분들은 살펴보시는 것도 좋을 듯합니다.

콜로세움에서는 종종 실제 관목과 숲이 옮겨져 전시되기도 했습니다. 이것은 신화나 영웅 이야기를 시각적으로 소개하는 데 사용되었으며, 때로는 범죄자들을 짐승들에게 던지거나 화형을 처하는 등 잔인한 행사의 배경으로도 활용되었습니다.

콜로세움은 놀라운 건축적 기술과 독창성으로 인해 역사적으로 중요한 건축물입니다. 로마 제국의 문화와 엔터테인먼트의 중심지로서 지금까지도 큰 관심을 받고 있습니다.

죽음 이후에 머무는 공간, 카타콤

로마 건축에서 빼놓을 수 없는 또 하나는 카타콤Catacombs
입니다. 그리스어로 '낮은 지대의 모퉁이'라는 뜻을 지닌 카
타콤은 잘 알려진 바와 같이 기독교와 유대교 신앙에서 중
요한 역사적 장소입니다. 기독교는 예수 그리스도의 가르침
을 중심으로 형성된 종교로, 1세기 초에 중동의 유대 지방에
서 탄생하였습니다. 기독교는 예수를 구원자로 믿고, 예수의
죽음과 부활을 중요한 신앙 요소로 받아들입니다. 예수를
따르던 제자들은 예수의 죽음 후에 흩어져 다른 지역으로
가서 전파하였고, 이러한 과정에서 기독교 공동체가 형성되
었지요. 이러한 초기 기독교 공동체의 지도자들은 '사도'라
고 불렸으며, 그들은 예수의 가르침을 전파하고 교회를 설
립하는 역할을 했습니다.

1세기의 유대 지역은 로마 제국의 지배를 받고 있었습
니다. 이 시기에는 로마 제국이 유대와 주변 지역을 지배하
고 있었는데, 초기 발전 단계의 기독교는 로마 제국의 박해

를 받지 않았습니다. 예수를 메시아로 인정하는 것이 기독교를 유대교와 구분하는 중요한 요소였으나 당시 로마인들은 기독교를 유대교의 한 분파로 여겼고, 로마 제국 내에서 기독교로 인한 큰 충돌이 발생하지 않았기 때문입니다. 기원후 66년, 유대인들은 로마 제국의 지배에 저항하면서 유대교와 예루살렘을 보호하기 위해 전쟁을 일으킵니다. 이 전쟁은 로마 제국의 군사적 지배로 기원후 70년에 종결되었습니다.

이 전쟁은 유대교의 독립전쟁으로 알려져 있습니다. 전쟁 중에 예루살렘 성은 파괴되고 많은 유대인이 사망하거나 포로로 잡혔습니다. 유대교의 대제사장 제도는 폐지되었고, 유대인들은 로마의 주피터 신전에 세금을 납부해야 했습니다. 이를 거부하는 유대인들은 '디아스포라'라 불리는 대규모 이주를 해야 했지요. 유대인들은 흩어졌으나 예수를 메시아로 믿는 기독교인들은 유대 독립전쟁 이후에도 로마 제국에 대한 저항을 멈추지 않았습니다.

그들은 로마의 신을 숭배하지 않고 로마의 규율을 따르지 않았기에 로마 제국의 박해를 받게 되었습니다. 기독교인들에 대한 로마 제국의 박해가 시작되었습니다. 약 250년에 걸쳐 계속되었으며, 많은 기독교인들이 고문과 처형을 당하면서도 신앙을 지키기 위해 희생되었습니다. 박해가 이어지는 동안 기독교인들은 로마의 눈을 피해서 예배를 지속

할 공간이 필요했습니다. 이것이 지하 카타콤이 생겨난 이유입니다.

카타콤이 생겨난 또 다른 이유는 로마인과 기독교인의 시신 매장법이 달랐기 때문입니다. 기독교에서는 부활을 중요한 신앙 요소로 여기기 때문에 부활을 선포하는 의식을 행하는 매장 방식을 따랐습니다. 반면, 로마인들은 망자의 시신을 화장했고 장례식에서 중요한 의복, 무기, 애장품 등을 함께 태우는 관습을 따랐지요.

기독교인들은 시신을 묻을 공간이 필요했습니다. 이들은 감시를 피해 로마 외곽 지하에 카타콤을 만들고 시신을 안치했습니다. 카타콤은 오늘날 60여 개가 존재하고 주로 로마 시내 근처에서 발견됩니다. 그러나 고대 로마가 지배했던 유럽 주변 지역에도 카타콤이 존재합니다. 이 지하묘지들은 땅을 직접 파고 내려가는 형태로 구축되었으며, 많은 묘실과 각종 터널들이 네트워크 형태로 연결되어 있습니다.

어릴 적에 아버지께서 어떤 일로 프랑스 파리에 다녀오셨습니다. 그때 관람이 허용되어 있는 카타콤을 둘러보시고 돌아와 저에게 그 공간이 어떤 모습이었는지 말씀해주셨어요. 이야기를 들으며 어두컴컴하고 좁은 지하공간을 상상하며 섬뜩해했던 기억이 생생합니다. 파리 카타콤은 로마 카타콤과는 또 다른 특징이 있습니다. 셀 수 없이 많은 수의 인골이 전시되어 있기 때문입니다.

프랑스 파리 카타콤 내부 모습 　　　　카타콤 내부의 해골 무덤

　파리에서 인골을 분류하여 카타콤에 수용하게 된 것은
약 15세기부터입니다. 묘지 정비가 필요하게 된 일차적 계
기는 인구 증가였습니다. 인구 증가는 의학이 발달하지 않
은 시절, 전염병이 빈번하게 발생하는 이유가 되었습니다.
14세기 유럽 전역을 잠식한 흑사병에 파리도 예외일 수 없
었습니다. 파리 인구의 절반에 달하는 10만여 명이 흑사병
으로 희생되면서 대량의 시신을 처리하는 것이 사회문제로
대두되었습니다.[8] 묘지 대책이 긴급했습니다. 이러한 상황에
서 기존 묘지를 정비하고 새로운 공간을 찾아 수백, 수천 구
이상의 시신을 수용할 수 있는 거대한 공동묘지가 등장하였
습니다.

시간이 흘러 사회가 다시 안정되면서 16세기부터 파리의 규모는 크게 확장합니다. 인구 또한 약 50만 명으로 증가합니다.[9] 빠른 속도로 증가하는 인구 문제에 18세기 후반, 프랑스대혁명이 일어납니다. 이 시기에 희생된 수많은 사람들의 시신들이 더해져 기존 묘지가 더 이상 수용할 수 없는 수준으로 다시 한 번 혼잡해집니다. 도시 내 여유 부지에는 한계가 있었고 묘지 부족 문제가 또 다시 대두되었습니다.[10]

여러 시신을 함께 묻을 수 있는 대규모 묘지로, 묘지 부족 문제를 해결하기 위한 대안이 필요했습니다. 기존의 묘지에서 새로운 시신을 묻기 위해 유골을 다른 장소로 이동시키고 시신을 묻는 묘지와는 별도로 시신의 유골을 보존하기 위한 납골당도 생겼습니다. 지금 남아 있는 파리 카타콤인 것이죠.

요즘엔 지하공간이 무서운 공간이 아닙니다. 대형 쇼핑몰이나 백화점만 해도 지하공간에 화려하고 안전하게 잘 꾸며져 있습니다. 그러나 고대에는 죽은 자들의 세계인 저승이 곧 지하세계로 인식되었으며, 실제로 조성되었던 지하공간도 죽음의 공간인 묘지, 묘실, 혹은 죄인들을 위한 감옥 아니면, 박해를 피해 찾아들어간 비밀 공간인 경우가 많았습니다.

로마의 대표적인 카타콤인 프리실라 카타콤은 로마 제국이 기독교를 박해했던 2세기 후반부터 4세기까지 사용되었

프리실라의 카타콤에
그려진 착한 목자,
기원후 3세기 후반

습니다. 이곳은 기독교인들의 매장지로 사용되었으며, 많은 기독교 신자들의 유해가 이곳에 안장되어 있습니다.

　카타콤 내부 공간은 지상의 건축 공간처럼 꾸며졌습니다. 로마의 상징과도 같은 아치로 이루어진 공간들이 눈에 띕니다. 예배를 드리던 초대 교회인 셈이었기 때문에 벽에는 성경의 교리나 기도문, 순교자들을 그림으로 그리기도 했습니다. 공작새, 봉황, 비둘기 등 새 그림도 많이 보입니다. 천국, 낙원을 상징하는 새들을 그리면서 천국에 가고 부활을 소망했던 기독교인들의 간절함을 들여다볼 수 있지요.

　카타콤에 남아 있는 그림들은 기독교가 공인되기 이전에 그려졌습니다. 기독교 박해시기부터 시작했기에 기독교 예술의 초기 형태로서 중세시대로 이어지는 기독교 예술의 기원이라 볼 수 있죠. 카타콤이 종교적 공간이었던 만큼 이 공간을 꾸미고 있는 예술은 주로 기독교적 상징과 이야기를

성 마르첼리누스와 베드로의 카타콤 벽화

다루고 있는데요. 주로 예수 그리스도의 생애와 십자가, 성
인들의 생애, 기독교의 다른 중요한 이야기들입니다. 그림
들은 주로 묘실의 벽에 그려지거나 타일로 만들어졌습니다.
다양한 색상과 조각 기법을 사용하여 제작한 그림들을 통해
기독교와 유대교의 신앙과 이야기들을 시각적으로 표현했
던 것이지요.

　몇몇 그림에서는 로마의 풍습도 엿보입니다. 성 마르첼
리누스와 베드로의 카타콤 벽화에서는 안락한 삶이 사후에
도 계속되기를 바라는 듯한 모습으로 그려진 그림이 인상적

인데요. 고대 로마 귀족들이 여유를 즐기는 모습을 떠올리게 합니다. 그림에 표현된 인물들의 모습이나 옷자락, 배경의 묘사 등은 매우 간결하면서도 강렬한 인상을 풍깁니다.

로마인들은 현실주의와 실용주의에 중점을 두는 경향이 있었습니다. 예술작품에서도 실제 사람들의 모습과 표정을 현실적으로 표현하였습니다. 고대 그리스 예술에서 볼 수 있는 완벽한 아름다움과는 다른 모습이죠. 로마의 예술작품에서는 사람들의 실제적인 얼굴과 특징들이 잘 나타나며, 완벽하면서도 섬세하고 조화롭게 다듬어지는 것보다 실용적이고 간결한 스타일을 선호했습니다. 로마의 예술은 표면적으로는 고대 그리스의 예술에 비해 거칠고 서툴러 보일 수 있기에 앞으로 더 나아갔다기보다 쇠퇴했다는 주장도 있습니다.

그러나 각 시대가 가지고 있는 예술의 특징이 달랐을 뿐 모두 자신만의 아름다움과 특징을 지니고 있었던 것으로 보는 것은 어떨까요? 로마 건축과 예술은 강렬하면서도 현실적인 면을 강조하는 것이 특징이며, 로마 문화의 특성과 시대별 변화를 이해하는 데에 중요한 자료로 사용됩니다. 이러한 역사적인 예술 유산들은 오늘날도 그 중요성과 아름다움을 잃지 않고 있습니다. 그런 점에서 카타콤은 로마 시대의 특별한 공간이며, 이 공간을 가득 채우고 있는 예술은 기독교와 유대교의 종교적인 역사와 믿음을 시각적으로 보여주는 중요한 자료로서, 로마 문화와 예술의 중요한 부분을 현대에 전달합니다.

원형 홀이 있는 둥근 지붕의 건물, 로툰다

콜로세움이나 지하묘지 카타콤은 고대 로마 문화를 대표하는, 널리 알려진 건축 공간입니다. 그러나 뭐니 뭐니 해도 로마 건축의 원천은 로마 제국 시대의 명작 중 하나인 판테온으로 대표되는 로툰다Rotunda, 원형 홀이 있는 둥근 지붕의 건물 와 바실리카Basilica 로 대표할 수 있습니다.

판테온은 로마 시대에 받든 모든 신을 모아놓은 신전입니다. 기원전 27년에 완성된 로마의 전통적인 원형 건축 로툰다를 대표하는 건축물입니다. 판Pan 은 그리스어로 '모든'을 뜻하며, 테온Theon 은 '신'을 뜻해 말 그대로 '만신전萬神殿'을 의미하지요. 판테온은 구조적으로 지름과 높이가 같은 완벽한 원통형의 건축물로, 중앙에 원형 천장이 있는 돔 구조가 특징적입니다. 이러한 돔 구조는 반원형 아치를 바탕으로 하고 있는데, 이 돔은 건물의 지붕을 덮고 있으며 바닥에서 원형 구멍오큘러스, Oculus 을 통해 하늘을 조망할 수 있는 독특한 설계를 가지고 있습니다. 이 돔 구조는 아주 높이까

이탈리아 로마 판테온

지 올라가는 광경을 제공하며, 빛과 공기의 자연적인 흐름을 허용합니다.

판테온의 초기 버전은 기원전 27년에 고대 로마의 군인이자 정치인이었던 마르쿠스 아그리파 석고상으로 유명한 그 아그리파 의 지도 아래에서 건설되었고, 기원후 80년 로마에서 발생한 대화재에 소실되었다가 하드리아누스 황제 때인 기원후 125년경에 현재의 모습으로 재건되었습니다. 판테온은 로마 제국 시대에는 신전으로 사용되었으며 7세기 이후부터는 기독교 성당으로 변신했습니다.

판테온의 구조는 원시적인 원형 홀에서 발전했다고 알려져 있습니다. 판테온의 기원이 되는 건축물의 구체적 사례로는 기원전 1900년에서 기원전 730년경의 것으로 추정되는 이탈리아 사르디니아Sardinia 지역의 고대 거석 건축물 누라게Nuraghe, 혹은 기원전 3000년에서 기원전 2000년 사이에 존재했던 석기시대에서 청동기시대로의 과도기 주거지인 스페인의 로스 미라레스Los Millares 의 무덤을 들 수 있습니다.

이탈리아 사르디니아 지역의 누라게는 그 이름이 특이합니다. 사르디니아의 지명 Nurra, Nurri, Nurru 등과 관계있거나 '돌더미, 쌓은 돌' 등을 의미하는 사르디니아 단어 Nurra에서 유래했을 것으로 알려져 있습니다. 사르디니아 지역에는 약 7,000여 개의 누라게가 발견되었으며, 고고학

이탈리아 사르디니아 지역의
토랄바에서 발견된 누라게

로스 미라레스 무덤 유적
사진: https://www.amigosdelaalcazaba.org/

자들은 이전에는 약 1만 개 이상이 존재했을 것이라고 추정
합니다.

　누라게의 벽은 크게 세 개의 층으로 구성됩니다. 외벽과
내벽, 그리고 가운데 벽으로 이루어지죠. 외벽은 위로 올라

갈수록 안쪽으로 기울어지고 좁아져 총알 형태를 이룹니다. 상부층으로 갈수록 사용된 돌의 크기도 작아집니다. 공간의 안쪽에 있는 내벽은 외벽보다 작은 돌로 구성되며 외벽과 내벽 사이에는 아주 작은 돌 조각들과 흙으로 이루어진 중간층이 있어 전체 건축물을 매우 튼튼하게 만들어줍니다. 원시적인 원형 홀에서 중심 공간은 전체 복합체의 가장 특징적인 공간으로서 중앙집중형 원형의 내부 공간이며, 공간의 중심에서 축을 이루며 돌출된 긴 출입로를 가지고 있습니다.

원형주거의 기원을 찾아 이보다 더 거슬러 올라가면 원시시대로까지 갈 수 있습니다. 빙하기의 끝과 함께 원시인들은 무정부적인 유랑생활에서 독립적인 주거지로의 전환을 시작했습니다. 이 시기에 가축을 기르고 식량을 생산하기 위해 농업과 축산을 개척하고, 집단 노동으로 공동생활을 시작한 것으로 보고 있습니다. 원시인들은 나뭇가지나 나뭇잎, 나무껍질 등을 사용하여 은신처를 만들었습니다. 나뭇가지를 곡선 형태로 꾸민 다음 지상에 세워서 원통형 뼈대를 만들었고 그 위에 재료를 덮어서 집을 완성했지요. 이것이 움집 또는 수혈주거竪穴住居입니다.

움집은 지표면 아래로 약 1m 둥그스름하게 파낸 반지하에 있습니다. 추운 기후에서 땅을 파고 내려가 지열을 이용하여 따뜻함을 제공하고 외부 환경의 영향을 덜 받게 해주는 이로운 점이 있습니다. 움집은 공동체나 가족이 함께 생활하기에 적합한 구조를 가졌으며, 공동으로 일을 나누고 생활하면서 보다 안전하고 안정된 생활을 유지하는 데 도움이 되었습니다. 시간이 흐름에 따라 도구와 기술이 발전하면서 건축물의 디자인과 구조가 점차 발전하여 돌과 목재 같은 자연 자원을 활용한 건축 기술의 진보가 이루어졌습니다.

건축의 발전과 관련된 문화와 환경 요소는 국가와 지역에 따라 다양하게 작용합니다. 돌은 튼튼하고 내구성이 뛰어나며 다양한 형태의 건축물을 만들 수 있는 이점을 가지고 있었습니다. 그리스와 로마 지역에서는 돌이 풍부하게 자연에 존재했기 때문에, 석조 건축이 두드러지게 발전하였습니다. 쉽게 떠올릴 수 있는 이누이트 족의 얼음집 이글루도 원형주거의 한 형태라고 할 수 있는데요. 추운 지역이었기에 눈으로 만든 벽돌을 둥글게 배치하여 이글루의 기본 구조를 형성하고, 벽돌 위 표면을 안으로 기울게 깎아내어 벽을 더 견고하게 만들며 집을 구축하지요. 그런가 하면, 몽골과 주변 지역에서 오랫동안 사용되어 온 전통적인 주거 형태 게르Ger도 원형주거의 한 형태입니다. 게르는 몽골, 중앙아시아, 중국 북부 등에서 사용되는 전통적인 원형 이동식 주거 구조물인데, 이러한 이동식 거주형태는 주로 목축과 노마드 생활을 하는 문화와 잘 어울리며 강한 바람과 추운 기후에 대비하기에 적합합니다.

이글루(좌)와 게르(우)도 원형주거의 한 형태이다.

서유럽의 경우에는 이탈리아 남부 풀리아 주이탈리아어: Regione Puglia, 라틴어: Apulia 에서 찾아볼 수 있는데요. 코벨 지붕의 트룰로Trullo, 복수형은 Trulli 라는 원형주거 형식에서 그 뿌리가 엿보입니다. 트룰로는 안과 밖, 평면과 단면 모두가 원형이고 한 겹의 코벨 구조가 급한 경사의 포물선 형태로 지면에서부터 쌓여 있습니다. 원형 평면에 원뿔처럼 올라오는 건축물은 그 외부 형태를 통해서도 내부 구조를 짐작해볼 수 있지요. 이와 같은 구조는 오늘날에도 수직벽으로 어깨 높이까지 올라오다가 코벨 지붕으로 둥글게 축조되는 정방형 주택들에서 찾아볼 수 있습니다.

이탈리아 남부 풀리아 주의 트룰로

 한편 또 다른 형태의 원형주거 형태가 최근 유행하고 있
는데요. 바로 캠핑에 사용되는 텐트입니다. 사실 텐트 평면
으로는 이제 원형, 장방형, 정방형, 다각형 등 여러 가지가
있고 신소재를 사용하여 기능성을 강조하며 끊임없이 개발
되고 있는 캠핑 장비들과 함께 텐트도 발전을 거듭하고 있
습니다. 그중에서도 가장 거친 고산지대에서 사용되는 텐트
는 돔형 텐트입니다. 구조적으로 안정적이며 열 보존에 유
리하기 때문이지요. 선사시대와 현대가 중첩되는 흥미로운
지점이라 생각합니다.

 트룰로는 또 다시 기원전 7세기 에트루리아Cerveteri 고분

이탈리아 로마의 콘스탄틴 개선문
로마 공공건축물의 기본 구조를 이루는
아치가 특징으로 드러난다.

로마 극장 건축에서도 흔히 보이는 아치 구조
이탈리아 아오스타의 로마 극장

묘실과의 관계로 거슬러 올라갑니다. 코벨 아치로 만들어진 입구가 없다면 한국에서 보이는 많은 봉분과 비슷해보이기도 한 모양인데요. 에트루리아 고분 상부에 잔가지를 엮어 만든 형태는 세월이 흐른 후 석조 건축으로서 모방되어 원형의 기념비로 특별한 의미로 사용되었습니다.

이상 살펴본 바와 같이 판테온으로 대표되는 로마 건축의 로툰다는 로마 건축에서의 혁명적 성취인 아치와 함께 고대 원형 건축에 기원을 두고 있습니다. 그 기원에서 고대 그리스의 기둥과 보^{인방}로 형성된 가구식 구조를 거쳐 아케이드, 돔, 볼트 구조로 만든 로마 제국의 건축으로 변화한 것이지요. 그 변화의 흐름 가운데 그리스 건축 또한 흡수하여 개선문, 극장, 원형경기장 등에 이르기까지 로마 공공건축물의 기본적인 구조를 표현하게 되었습니다.

공적 모임을 위한 공간, 바실리카

바실리카Basilica 는 큰 회당이라는 뜻입니다. 장방형의 고대 그리스 신전을 로마식으로 발전시킨 형식이며, 그리스 신전에 비해서는 내부 공간이 넓습니다. 여러 사람이 모이는 장소라는 뜻에 걸맞게 주로 알현 장소, 재판소, 시장 등 공적 모임을 위한 공간으로 사용되었던 건축물입니다. 그러다 기독교가 콘스탄티누스 대제의 공인으로 로마 제국의 공식 종교가 된 4세기 이후, 기독교인들이 예배를 지속적으로 행하기 위해 새로운 예배 장소가 필요해졌는데요. 그런 상황에서 바실리카라는 형태의 건축물이 기독교 예배 공간으로 활용되기 시작했습니다.

바실리카의 내부 공간은 크게 세 부분으로 나뉩니다. 중앙 네이브Nave, 동랑, 양측 아일Nave Aisles, 측랑, 그리고 앱스Apse 가 그것입니다. 네이브는 바실리카의 가장 중앙에 있는 큰 공간으로 주로 신도들이 앉아 예배를 드리는 곳입니다. 평면 구조에서 중앙에 위치한 네이브는 높고 넓은 천장을 가지고

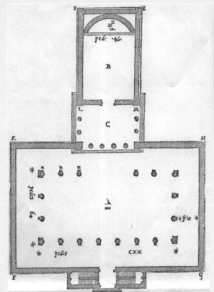

이탈리아 르네상스 시대의 대표 건축가
팔라디오가 다시 그린 로마 시대의
건축가 비트루비우스의 파노 바실리카
평면도(1556)와 내부 모습

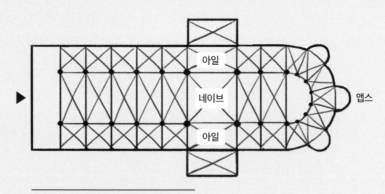

트란셉트가 더해진 바실리카 평면 구조

있으며, 길쭉한 형태입니다. 중앙 네이브를 따라 여러 개의 아치 형태가 늘어서 있으며, 이 아치들은 양측 아일과 구분됩니다. 측랑, 또는 아일은 중앙 네이브의 양쪽에 있는 복도 형태의 작은 공간을 일컫는데요. 주로 신도들의 이동과 명상, 그리고 부가적인 예배 활동을 위해 사용됩니다. 양측 아일은 중앙 네이브와 아치 형태로 구분되며, 기둥과 아치들이 늘어서 있습니다.

앱스Apse 는 바실리카 공간 형태에서 나타나는 반원형 또는 다각형의 벽면을 가리킵니다. 주로 건물의 동쪽 끝에 위치하며, 제단이나 성당 등 중요한 신성한 공간이 위치하는 곳입니다. 앱스는 로마와 비잔틴 제국에서 기원한 건축 양식으로, 기독교 대성당의 주요 요소 중 하나로 발전해왔습니다. 주로 돔과 함께 사용되는데, 돔은 중앙의 높은 천장을 지탱하고, 앱스는 이를 보완하여 성당의 기도 공간을 완성합니다. 앱스는 종종 예술적으로 장식되어 있으며, 벽면에 모자이크, 장식용 벽돌 등이 사용되기도 합니다. 이러한 장식은 종교적인 의미와 아름다움을 강조하는 데 기여합니다.

콘스탄티누스 대제의 통치 후기에는 상당한 크기의 기독교 바실리카들이 건설되었습니다. 기독교가 로마 제국의 공식 종교로 인정받고 기독교인들이 자유롭게 예배를 지킬 수 있게 되면서, 바실리카는 계속 발전을 거듭했습니다. 바실리카는 원래 직사각형의 형태였으나 트란셉트Transept 라고 하는 직각으로 교차하는 공간을 더하면서 십자형 라틴 크로스 평면의 기독교 대성당 건축으로 발전하게 되었습니다. 이후 바실리카는 지중해 지역과 유럽 전체에서 교회 공동 예배 공간의 표준 모델로 자리 잡으면서, 산업혁명기의 미국에 이르기까지 기독교 교회에서 가장 일반적인 건축 양식이 됩니다.

이러한 건축과 함께 발전한 로마 예술은 로마 제국의 시대와 문화적 영향을 반영하는 다양한 특징을 가지고 있습니다. 로마 예술은 실용적인 성향이 강한데요. 이는 로마 제국의 특징과 그 맥을 함께합니다. 로마 제국은 거대하고 복잡한 행정 체계와 도시를 구축하였으며, 건축물과 조각 등 예술작품들은 이러한 공공적인 목적을 위해 사용되었습니다. 예술 그 자체로의 예술이라기보다 뚜렷한 목적이 있는 행위의 결과물로서 예술이 존재했던 것으로 볼 수 있습니다.

로마 예술의
흐름

　건축을 포함하여 로마의 예술은 고대 그리스 양식을 받아들이면서 로마식으로 변형한 것이 특징적인데요. 로마의 조각상에도 이러한 특징을 그대로 살펴볼 수 있습니다. 고대 그리스의 조각상들은 이상적인 미를 추구하는 쪽으로 점차 발전해나갔는데, 로마인들은 고대 그리스의 신체 표현기법들을 받아들이면서도 현실적인 표현을 강조하였습니다. 조각의 대상들 또한 신화 속 인물들보다는 전쟁 영웅, 정치적 지도자 등 실제 존재하거나 역사적으로 중요한 인물들의 조각상이 주류를 이루었지요.

　이들 조각상은 그들을 미화하기보다는 개인의 실제적 특징과 성격을 잘 반영한 작품들이 많습니다. 이러한 로마의 예술 경향을 '진실주의Verism'이라고 부릅니다. 주로 로마 공화국과 제국 시대에 나타났으며, 로마의 권력과 정치적 상황을 나타내기 위해 사용되었습니다. 묘사된 인물들은 주로 노년의 모습으로 얼굴에는 피로감과 진지함이 가득합

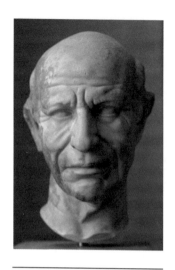

한 남자의 흉상,
고대 로마, 기원전 60년

니다. 이들의 고뇌와 경험을 반영하고자 하는 노력의 결과인 것이죠.

로마 예술에는 고대 그리스의 헬레니즘 예술에서 영향을 받은 모자이크 작품들도 많이 포함됩니다. 가장 일반적으로는 바닥 장식으로 사용되었지만, 벽과 아치에도 사용되었습니다. 이 모자이크 작업은 매우 정교하고 예술적으로 수행되며 종종 신전이나 궁전, 기독교 교회, 욕장과 같은 로마 시의 주요 공공건축에 적용되었습니다. 특히 로마 욕장에 사용될 때 해양 모티프를 나타내는 데 가장 자주 사용되었습니다. 요즘 목욕탕에는 파란색이나 흰색 타일을 교차하며 모자이크를 만드는 경우가 많은데, 이때에는 흑백 문양이 바다를 표현하기 위해 흔히 사용되었습니다. 로마의 카라칼라 욕장의 바닥이 훌륭한 예입니다. 또한 주로 이차원적인 표현을 선호하고 기하학적 디자인을 강조했습니다.

이런 모자이크 작품은 고대 로마 상류층의 개인주택 벽에서도 찾아볼 수 있습니다. 폼페이와 함께 베수비오 화산

이탈리아 로마 카라칼라 욕장
기원후 212년에서 216년
사이에 건설되었다.

카라칼라 욕장의 흑백
모자이크 타일 바닥
사진: T. Thielemans(CC BY 3.0)

이탈리아 헤르쿨라네움에 있는 넵투누스와
암피트리테의 집 벽에 있는 모자이크
사진: Marcus Cyron(CC BY 2.0)

폭발과 함께 사라진 고대 도시 헤르쿨라네움에는, 다른 주
택들에 비해 상대적으로 작지만 풍성하게 장식된 타운하우
스가 있습니다. '넵투누스 모자이크의 집 House of the Neptune
Mosaic'이라고 불리는 이 집은 고고학적 발견물과 예술작품
을 많이 보유하고 있어서 그 당시 로마 상류층의 생활양식
과 문화를 이해하는 데 중요한 역할을 합니다. 거리에서 최
대한 멀리 떨어진 집 뒤쪽에는 정원이 있는 안뜰이 있고 분
수가 있는 공간으로 님파에움 Nymphaeum 이 있습니다. 님
파에움은 고대 서양에서 님프에게 바친 사당으로 자연 혹
은 인공적인 동굴 형식으로 만들어져 있는데, 신전이라기
보다는 작은 분수가 있는 수공간이라 볼 수 있습니다. 여기

에서 로마 신화 속 바다의 신 넵투누스와 그의 아내인 님프 암페트리테 모자이크가 발견되어 시선을 끄는 것이지요.

테세라Tesserae 라고 하는 작은 블록이 있습니다. 로마인들은 이 블록을 조합하여 형상, 인물, 무늬, 패턴 등 다양한 모자이크를 만들어냈습니다. 모자이크를 이루는 테세라의 재료로는 천연 돌, 절단 벽돌, 타일, 도자기 등이 사용되었습니다. 색상의 미묘한 조합에서 장인의 솜씨를 느낄 수 있습니다. 모자이크 작품에서도 로마만의 특징이 드러납니다. 그리스 미술에서 보이던 자연의 관찰력과 세밀한 표현기법, 운동감과 표정의 완숙한 표현이 줄어듭니다. 그러나 여전히 신체 동작에 따라 변화하는 옷 주름이나 단축법, 그림자 표현 등의 기술적인 요소는 여전히 사용되지요. 명확성과 간결함을 강조하는 고대의 예술 관념이 살아남은 결과입니다. 이로 인해 로마 예술은 원시적인 느낌과 세련됨이 섞여 있는 특징입니다. 로마 예술의 특징들은 로마 제국의 풍요로움과 권력을 상징하는 동시에, 로마 문화의 고유성과 진보적인 면모를 보여줍니다.

3장

중세시대의

건축과 예술

'중세' 하면 어떤 것을 떠올리시나요? 저는 다른 어떤 것
보다도 먼저 영화 〈로빈 후드〉가 떠오른답니다. 어렸을 때
동생과 함께 여러 번 보았던 영화인데요. 감독은 케빈 레이
놀즈가 맡았으며, 당대 세계적으로 인기가 많았던 배우 케
빈 코스트너가 로빈 후드 역을 맡았습니다. 영화는 중세 무
훈담의 주인공, 용맹스런 전사이자 지휘관인 영국 국왕 리
처드 1세가 십자군 원정을 나선 12세기를 배경으로 합니다.
신궁이자 의적으로 알려진 로빈 후드의 이야기를 다룬 영화
로 내내 중세 분위기를 느낄 수 있습니다.

　물론 중세를 전공으로 하는 역사학자들은 동의하지 않을
것 같긴 합니다. 하지만 어린 시절이었습니다. '고증'이 뭔지
몰랐고 영화를 실제처럼 일말의 의심 없이 받아들였습니다.
'이것이 중세구나' 하며 늘 설레는 마음으로 영화 속으로 빠
져들었지요. 허리까지 내려오는 긴 곱슬머리를 한 여자 주
인공의 치렁치렁한 드레스와 망토도 어릴 적 제 눈에는 너

무나 아름다워 보였습니다. 어른이 되어서도 중세를 떠올릴 때마다 중세로 걸어 들어가는 작은 문이 되어준 이 영화가 가장 먼저 생각납니다.

그런가하면 애니메이션 작품도 있습니다. 한국에서 〈원탁의 기사〉, 〈아더 왕〉으로 소개된 일본 애니메이션 〈원탁의 기사 이야기 불타올라라 아서円卓の騎士物語 燃えろアーサー 〉는 일본에서 1980년대에 방영되었습니다. 이후 한국에서도 큰 인기를 끌었습니다. 주요 캐릭터인 아서 왕과 그의 친구들이 모험을 펼치며 기사로서의 역할을 수행하는 이야기인데, 애니메이션이 인기를 끌면서 아서 왕의 성검聖劍 엑스칼리버 같은 장난감도 인기를 끌었습니다. 저는 여기서도 여자 캐릭터에 빠졌었는데, 바로 아서 왕의 아내 귀네비어 왕비였어요. 캐릭터에 독특한 개성이 있다거나 특별한 이유가 있어서라기보다, 귀네비어라는 고귀한 느낌이 드는 이름과 우아해보이는 말투와 행동 때문이었던 것 같습니다.

지금 보면 답답해보이기도 합니다. 하지만 머리에 쓰고 있는 베일도 동경의 대상이었습니다. 한때는 머리 베일을 쓰고 싶어 심지어 수녀가 되고 싶다는 생각도 했던 적이 있었지요. 골치 아프게 말괄량이였던 저랑은 많이 달라보였거든요. 물론 아서 왕을 비롯한 랜슬롯 경과 같은 기사들도 멋있게 느껴졌고요. 성인이 되고 저는 영국에서 유학을 했는데요. 아마 이때부터 유럽을 막연히 동경했는지도 모르겠습니다.

중세시대는 로마가 멸망한 후, 5세기부터 14세기까지 약 900~1,000년 동안을 지칭합니다. 로마 제국은 지중해를 중심으로 유럽, 북아프리카, 서아시아 등으로 확장했습니다. 강력한 군사적·정치적·경제적 기반을 바탕으로 번성했지요. 기원전 27년 아우구스투스옥타비아누스는 로마 공화정의 끝을 알리고 제국 체제를 시작했습니다. 초기에는 로마를 중심으로 여러 속주와 지역을 통합한 형태였습니다. 이탈리아 반도의 로마가 주요 수도였지요.

그러나 시대가 흐르면서 3세기가 되자 군인 황제들이 나타납니다. 여러 지방에서 독립적인 황제들이 등장하면서 로마 제국은 결국 서로마와 동로마로 나뉩니다. 서로마와 동로마가 분리되면서 제국의 지배 체제가 바뀝니다. 수도도 이전하게 됩니다. 이후 476년 북쪽의 게르만족 용병대장 오도아케르Odoacer가 서로마를 정복합니다. 서로마가 먼저 멸망하게 되지요. 동로마 제국은 이후에도 존속합니다. 그러나 점차 그리스화되어 서로마 멸망은 중세시대로 나아가는 중요한 전환점이 되었습니다.

중세시대는 11세기를 중심으로 나뉠 수 있습니다. 11세기는 십자군전쟁이라는 역사적 사건이 발생한 시기였습니다. 이 전쟁은 영화 〈로빈 후드〉처럼 영화나 소설 등에서 시대적 배경으로 수없이 다루어지며 많은 관심을 받았습니다.

십자군전쟁으로 유럽 사회는 혼란을 겪습니다. 하지만 여러 문화가 교류하게 되는 계기가 되기도 했습니다.

중세시대를 부르는 다른 말로 '암흑기'라는 표현을 들어보셨지요? 이러한 표현은 여러 측면에서 이해될 수 있습니다.

첫째, 중세시대는 로마 제국의 붕괴로 큰 혼란과 끊임없는 전쟁이 이어지던 시기였습니다. 로마 제국의 멸망으로 지역 부족들이 서로 싸움을 벌이고 정치적 평화가 무너지면서 혼란이 지속되었습니다. 이러한 혼돈과 무질서함이 중세를 '어둡다'는 의미로 표현하는 첫 요인입니다.

둘째, 중세는 기록이 상대적으로 부족한 시기이기도 합니다. 정치적으로 안정적인 상황에서 발전했던 로마 제국과는 달랐습니다. 혼돈의 시기였고, 역사 기록의 중요도가 상대적으로 떨어졌습니다. 뭔가를 적어서 남기는 데는 시간과 정성이 들어갑니다. 무엇보다 여유가 필요합니다. 사느냐 죽느냐의 갈림길이 시시각각 펼쳐지는 불안정한 상황에서는 역사를 남길 여유가 적었겠지요. 남아 있는 기록이 많이 없다보니 중세에 대해 우리가 알 수 있는 것도 한정됩니다. 알 수 있는 것이 많이 없다 보니 '암흑기'라는 표현을 사용합니다.

마지막으로, 중세는 '신본주의' 사회였습니다. 사회에서 종교가 갖는 힘이 컸고 신이 중요했습니다. 중세 이후에는 인간의 창의성과 이성의 힘이 다시 주목받습니다. 르네상스 시대와 근대 계몽사상이 펼쳐집니다. 인간의 주체성이 중시되면서 중세는 상대적으로 더 어두운 시기로 여겨집니다.

암흑기라는 용어의 뜻을 이해하되, 용어가 내포한 의미와는 별도로 중세만의 특징을 아는 것이 중요하다고 생각합니다. 다른 시기와 마찬가지로 중세에도 이 시대만의 사회적·정치적·문화적 변화와 특징이 있습니다. 현대 문명의 발전에도 영향을 준 부분들이 있지요. 그러니 마냥 어두운 시대로 보기보다 이 시대만의 특징을 함께 찾아볼까요?

다양한 민족과 문화의 혼재

　로마 제국이 쇠퇴한 이후 유럽 지역에서 살고 있던 다양한 민족들은 전쟁을 벌이며 서로를 정복했습니다. 전쟁을 하며 이동하던 민족들은 자신들의 토속 문화를 곳곳에 남겼습니다. 그래서 중세시대는 통일적인 예술 양식이 아닌 서로 다른 민족 문화가 다채롭게 표현되는 시기였습니다.

　고대 로마인들은 이탈리아 반도 북쪽, 중부 유럽에 살던 민족을 튜턴Teutons 이라 불렀습니다. 중부 유럽에 튜턴족이 있다면, 또 다른 큰 부족으로 영국 스코틀랜드 하이랜드 지역의 켈트Celts 족이 있습니다. 스코틀랜드는 다시 하이랜드 Highland 와 로우랜드Lowland 로 나뉩니다. 하이랜드는 켈트족, 로우랜드는 튜턴족과 섞여 있습니다. 튜턴족은 켈트족과 함께 고트, 반달, 섹슨, 데인, 바이킹과 같이 여러 갈래로 분화되었으며, 서로 비슷하면서도 독자적인 문화를 가지고 있습니다.

　로마인들의 입장에서 이들은 달갑지 않았습니다. 이탈

리아에 침략을 시도하며 전쟁을 벌였기에 로마인들은 이들을 매우 야만적이고 미개한 민족으로 여깁니다. 특히 뭔가를 훔치거나 노략질을 하는 이미지가 강합니다. 중세시대의 튜턴족들은 로마인들에게 눈엣가시 같은 사람들입니다. 하지만 그건 로마인들의 눈에 그렇게 보였다는 말이고, 튜턴족은 문화적으로, 또 예술적으로 그들만의 개성이 있습니다. 튜턴족의 민족 특성과 이동하는 생활방식은 그들의 예술에도 영향을 줍니다. 튜턴족의 예술은 북유럽을 중심으로 핀란드, 노르웨이, 독일, 프랑스, 스페인, 영국, 포르투갈 등 유럽 여러 지역에서 아직까지도 볼 수 있습니다.

이들의 예술에는 눈에 띄는 특징이 있습니다. 동그란 모티프와 꼬임이 많은 문양이 대표적입니다. 이러한 문양들은 주술적인 의미를 담고 있기도 했고 자신들의 부족에 대한 상징이기도 했습니다. 특히 용이나 뱀 같은 동물들을 자신들의 문화와 관련지어 상징적으로 사용하는 경우가 많았습니다. 자신들의 문화와 민족적 특성을 표현하는 방식이었죠. 이러한 점에서 튜턴족의 예술은 선사시대 원시부족의 예술과 유사합니다.

켈트 문화에서도 꼬임 문양은 흔히 나타납니다. 영국 스코틀랜드나 아일랜드에 가면 길을 지나다 쉽게 지나칠 수 있는 동네 성당 공동묘지는 물론이고, 귀걸이, 목걸이, 브로치 같은 장신구나 기념품에서도 매우 흔하게 볼 수 있습니다.

영국 북아일랜드 캐릭퍼거스
아일랜드 교구 성 니콜라스 성당의
켈틱 크로스. 켈틱 크로스는 영국
곳곳에서 매우 쉽게 만날 수 있다.

이 꼬임 문양은 유명한 스코틀랜드 위스키 아드벡Ardbeg 패
키지 같은 상품 디자인에도 활용되고 있지요.

튜턴족과 켈트족은 미술작품에 주술적인 요소를 담았습
니다. 자신들이 설정한 의미와 상징을 자연스럽게 녹여내며
신묘한 영적 힘이나 영험함을 드러냈습니다. 오늘날 전해지
는 문양들에서는 의미가 희미해졌습니다. 패턴과 디자인으로
만 남아 있지요. 하지만 기원으로 거슬러 올라가면 그들의 독
특한 민족 정체성과 믿음이 묻어납니다. 그 예로 〈용의 머리〉
조각은 독특한 패턴과 꼬임이 많아 전형적인 모습을 가지고

독일 남부 린다우 수녀원에서 전해져 온
린다우 복음서, 8세기 후반,
미국 뉴욕 모건 도서관 및 박물관

요한복음서, 기원후 880~900년,
미국 뉴욕 모건 도서관 및 박물관

있습니다. 이들은 이런 용머리를 배에 달아놓고 항해를 할
때 자신들을 지켜준다고 믿었습니다. 또한 고향에 돌아오는
길에는 그들의 자연이 놀라지 않도록 용머리를 떼어 배에
태워 왔다고 전해집니다. 이러한 예술은 튜턴족의 용감한
정신과 항해에 대한 믿음을 나타냅니다. 문양들은 이후 기
독교 문화에도 스며듭니다. 중세 복음서의 표지나 성경 일
러스트에서 그 영향을 볼 수 있습니다.

로마네스크 양식의
등장과 발전

중세의 건축은 로마의 것과는 비슷하면서도 또 다른, 당대만의 특징이 있습니다. 대략 9~10세기부터 12세기에 이르는 기간 동안 '로마풍'이라는 뜻을 가진 로마네스크 양식이 유럽 전역에서 유행합니다. 이동과 전쟁을 많이 경험한 민족들에게 로마네스크 양식의 건축은 오랜 역사에서 오는 전통과 격을 부여하는 역할을 하면서 유럽 전역으로 확산합니다.

로마네스크라는 단어에서 알 수 있을 듯합니다. 이 양식은 로마 시대의 건축물과 유사할 뿐 로마 건축을 완전히 똑같이 재현한 복제품은 아닙니다. 중세시대에 로마네스크 양식으로 건축된 건물들은 융성했던 로마 시대의 잔재를 변형하고 재해석한 것이지요. 특히 교회 건축에서는 이러한 변화가 확연하게 나타났습니다. 로마네스크 양식의 교회 건축에서는 이전 시대의 바실리카 양식을 기반으로 하되 지역 건축의 특징들이 함께 드러냅니다.

기원후 848년에 지어진 스페인
오비에도에 위치한 산타 마리아
델 나랑코, 중세 초기 로마네스크
건축물로 로마 건축의 특징들을
살펴볼 수 있다.
사진: Alberto Imedio(CC BY-SA 4.0)

로마 코스메딘의 산타 마리아
성당(8~12세기 초), 전형적인
바실리카 평면에 로마 풍의 반원형
아치와 기둥들을 확인할 수 있다.
사진: Dnalor-01(CC-BY-SA 3.0)

바실리카는 중앙 복도를 중심으로 양측 복도를 이루는
형태로 로마 건축의 전통을 이어 오늘날에 이르기까지 교회
건축의 대표적인 기본 형태 중 하나가 되었는데요. 건축에
이렇게 역사성을 부여하게 되면 전쟁이나 이동이 많아 사회
적으로 불안정한 시기에도 상대적으로 안정된 느낌을 줄 수
있었습니다.

이러한 전통에 각 지역에서 볼 수 있는 건축 특색이 섞이
게 됩니다. 로마 건축과는 구별되는 중세만의 건축이 발전
하게 된 것입니다. 예를 들어 영국 잉글랜드에서는 로마네

스크 양식이 '노르만 양식'으로 불리며 독자적인 개성을 더하는 쪽으로 발전했습니다. 영국의 노르만 정복 이후 주로 유행하였기에 노르만 양식으로 이름 붙은 이 양식은 중세 초기에 발전하여 주로 9세기부터 12세기까지 유행하며 영국, 아일랜드와 스칸디나비아 반도 일부 지역에서 주로 흔히 볼 수 있습니다.

노르만 양식은 주로 석재로 된 건축물을 특징으로 하며 로마 건축에서 영향을 받은 반원형 아치와 둥근 기둥의 조합을 사용하면서도, 이를 독특한 방식으로 해석하여 반원형 아치에 약간의 '엣지 Edge'를 더해 조금 더 뾰족한 첨두 아치를 사용하기도 하면서 자신들만의 특징을 갖추었습니다. 또한 잉글랜드의 요새나 성에서 기원한 타워를 교회 건축에 도입하였고, 기둥을 둘러싸는 주름 모양의 장식을 사용하기도 했습니다. 이후 고딕 양식이 발전하면서 노르만 양식은 서서히 사라지게 되었지만, 그 영향은 중세 유럽 건축에 크게 남았습니다.

기술적인 발전과 양식 변화는 이후로도 지속되어 중세 시대 후기에 나타나는 고딕 양식으로 이어졌습니다. 고딕 양식은 매우 뾰족한 아치와 세련되고 섬세한 디테일을 가지고 있으며, 건물 구조에서도 높이를 더욱 강조합니다. 따라서 건축물을 관찰할 때 건물의 높이와 아치의 형태만 봐도 로마네스크 혹은 노르만 양식과 고딕 양식을 대략 구분할

영국 잉글랜드 더램 대성당, 1093~1128년,
노르만 양식을 대표하는 건축물이다.
사진: Mattbuck(CC BY-SA 4.0)

수 있습니다. 노르만 양식 건축과 고딕 양식 건축, 그 변화
의 기점에 있는 건물이 영국 잉글랜드의 더램 대성당Durham
Cathedral 입니다.

영국은 다양한 역사와 문화를 갖고 있는 지역들의 연합
체로, 잉글랜드, 웨일스, 스코틀랜드, 북아일랜드의 네 나라
로 구성되어 있습니다. 더램 대성당은 잉글랜드의 더램 시
에 위치한 중세시대의 대성당으로, 뛰어난 예술과 건축 기
술을 대표하는 건물 중 하나입니다. 더램 대성당은 1093년

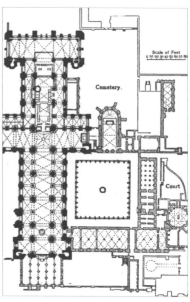

더램 대성당 내부, 중앙 네이브 공간 천장으로
리브 구조를 적용한 첨두 아치가 보이고,
네이브 좌우로 반원형 아치가 이어진다.

더램 대성당 평면도

에 건설이 시작되어 1133년에 완공되었습니다. 이 성당은
로마네스크 양식의 특징을 계승하면서도, 고딕 양식의 발전
된 요소들을 내포하고 있는데요. 대부분의 창문과 정면 장
식에 반원형 아치가 사용되었으나, 부분적으로 건물 일부에
서 아치의 최상단 부분이 뾰족하게 올라오는 첨두 아치가
등장하게 됩니다.

첨두 아치를 사용하기 전에는 반원형 아치가 사용되었습

니다. 그러나 첨두 아치는 더 높은 구조를 만들 수 있게 해 주었고 고딕 건축에 채택되어 널리 사용되는 길을 이끌었습니다. 이 아치에는 '갈비뼈'라는 뜻의 '리브 구조'가 도입되어 더욱 복잡한 구조로 건축이 이루어지게 되었는데요. 이미지에서 보면 천장에 보이는 두꺼운 띠가 바로 리브 구조입니다. 리브 구조가 적용된 아치는 더욱 높은 공간을 만들고자 하는 건축적인 야망을 실현시켜주며 높고 화려한 고딕 건축의 등장을 가능하게 합니다.

이러한 구조적 변화와 장식의 발전은 기독교 교회의 성장과 함께 진행되었으며, 건축 양식과 예술이 상호작용하여 중세시대의 문화를 반영한 작품들이 형성되었습니다. 내부 구조뿐만 아니라 건물 외부의 창문 등에서도 확인할 수 있는 아치는 건축물의 높이를 확보하는 주요 구조 부위로 건축물 전체의 안정성과 아름다움을 동시에 제공합니다. 이러한 연유로 더램 대성당은 영국의 중세 건축물 중에서도 가장 중요하고 뛰어난 작품 중 하나로 꼽히며 유네스코 세계문화유산에 등재되어 있습니다. 중세시대의 기술과 예술의 결합을 보여주며 영국의 역사와 문화를 대표하는 중요한 유산입니다.

중세 건축은 로마의 영향을 받으면서도 토속적 문화 특성과 여러 지역에서 개성 있게 드러내면서, 서로 영향을 주고받은 기독교 문화의 영향을 융합하며 발전했다고 말씀드

렸는데요. 더럼 대성당이 영국 잉글랜드에서의 사례였다면, 독일에서는 아헨 성당이 좋은 예가 될 것 같습니다. 아헨 성당은 9세기에 지어진 건축물로 서유럽의 독일 지역에 위치해 있으면서도, 동로마 제국과 그 영향권에 있는 지역에서 발전한 비잔틴 건축 양식의 영향을 반영하는 개성이 잘 드러납니다. 유럽에서 가장 오래된 대성당 중 하나인 이 성당은 샤를마뉴 황제의 명령에 의해 건설되었습니다. 936년부터 1531년까지 성당의 팔라티노 예배당에서는 31명의 독일 왕과 12명의 여왕의 대관식이 거행된 역사적인 장소이기도 합니다.

동로마 제국의 비잔틴 건축 양식은 초기에는 바실리카식 설계를 채용했지만, 이후에는 둥근 돔 지붕을 가진 중앙 집중식 구조로 바뀝니다. 내부 벽면과 천장에는 모자이크 아트를 활발하게 사용하여 종교적인 주제나 성인들의 초상화 등을 다양하게 묘사했습니다. 건축물의 외부와 내부에는 미려하고 기하학적인 패턴과 장식이 풍부한 것도 특징입니다.

아헨 성당의 평면은 이와 같은 중앙 집중식 비잔틴 건축 평면의 영향을 여지없이 드러냅니다. 이 성당이 지어지기 약 300년 전 라벤나에 세워진 유명한 교회의 평면을 보면 아헨 성당의 평면과 매우 유사한 것을 알 수 있습니다. 비잔틴 건축의 전통을 이어가는 모습이지요. 그리고 라벤나에 세워진 이 건축의 평면은 그로부터 다시 200여 년을 거슬러

독일 아헨 성당, 805년

올라간 시기에 지어진 예루살렘의 교회 평면과 유사한 것을 확인할 수 있습니다.

이는 기독교 종교적인 가치와 진리가 세월이 흐르더라도 변함없이 유지되었고, 종교적인 의식을 통해 삶을 표현하고 전승해오는 과정에서 건축 공간의 구조 또한 전통으로 이어져 왔음을 시사합니다. 혹자는 이런 측면을 보고 건축적 창의성이 부족했던 것이라 비판할지도 모르겠습니다. 그러나 또 달리 본다면, 이는 이 시기의 사람들이 창의성이 없었던 것이라기보다 창의성에 대한 요구가 전통과 역사성에 대한

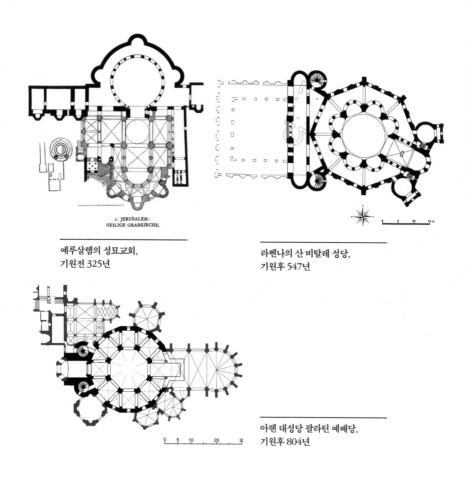

예루살렘의 성묘교회,
기원전 325년

라벤나의 산 비탈레 성당,
기원후 547년

아헨 대성당 팔라틴 예배당,
기원후 804년

요구에 비해 상대적으로 낮았고, 창의성이 발현되는 방식
자체가 시대적으로 달랐다고 해석할 수 있을 것입니다.

　내부 공간에서는 로마의 반원형 아치와 기둥이 적용되어
로마의 영향을 드러내면서도 화려한 금장과 기하학적 패턴,
윤곽선이 뚜렷하고 단순한 모자이크 장식에서 비잔틴 문화의

아헨 성당 내부와 비잔틴 양식의
벽면 모자이크

특성을 바탕으로 하는 독특한 매력을 살펴볼 수 있습니다.

한편 1165년 교황 파스칼 3세가 샤를마뉴 황제를 성인
으로 공표하면서 아헨 성당에는 순례자들의 명소가 되었습
니다. 늘어난 방문객들로 인해 1355년 고딕 양식의 합창단
공간이 추가되었고, 샤를마뉴 서거 600주년을 기념하여 두
부분으로 구성된 유리 예배당이 추가로 봉헌되었습니다. 아

헨 성당 일부에서 첨두 아치와 화려한 스테인드글라스 등 중세 후기 건축 양식인 고딕 양식이 보이는 이유가 바로 이 때문입니다.

이처럼 중세 건축물들은 기독교의 영향과 유럽 지역의 다양한 문화들이 융합되어 독특한 양식으로 발전함으로써, 중세시대의 문화적 다양성과 역사적 유산을 보존하고 있습니다. 아헨 성당과 같은 건축물은 중세 유럽의 예술과 문화의 역사를 이해하는 데 중요한 자료로 활용될 수 있습니다. 이후 중세 건축은 로마네스크 양식에서 고딕 양식으로 발전해갔습니다.

고딕 양식의
등장과 발전

    고딕 건축은 로마네스크 양식과는 구별되는 중세 후기 건축 양식을 일컫습니다. 12세기 말부터 16세기 초까지 유럽에서 크게 유행한 고딕 건축은 그 어느 시대의 건축보다 높고 빈틈없이 장식되어 있는 것이 특징입니다. 자연광을 최대한 실내로 들이기 위한 개구부를 확보하면서 매우 높은 구조물을 짓기 위해서는 구조공학이 뒷받침되어야 했습니다.

생드니 수도원 대성당 파사드
사진: Thomas Clouet(CC BY-SA
4.0)

이 문제에 대한 해결책으로 더램 대성당에 처음 시도되었던 리브 구조와 함께 높이를 지지하는 보강 구조인 플라잉버트레스 공중부벽, 끝이 뾰족한 형태의 첨두 아치가 사용되었습니다. 여기에 스테인드글라스 창 패널이 적용되어 햇빛이 내부 공간에 신비로움을 더해주는 놀라운 효과가 더해졌습니다. 이러한 요소들을 일관된 스타일로 결합한 최초의 건물 중 하나는 파리의 생드니 수도원 1135~44 이었습니다.

생드니 Saint-Denis 는 프랑스 중북부 일드프랑스 Ile-de-France 지역 센-생드니 데파르망 Seine-Saint-Denis département 의 파리 북부 교외 도시로서 센 강 오른쪽 기슭에 자리 잡고 있습니다. 19세기 중반 산업이 발전하기 전까지 이곳은 프랑스 왕들의 묘지였던 생드니 수도원이 있었는데요. 이 수도원의 대성당은 로마네스크 양식에서 고딕 양식으로의 전환을 표시하는 주요 건물이자, 샤르트르와 상리스 대성당을 포함하여 12세기 후반 프랑스 고딕 양식의 대성당의 대표격으로 건축사에서 매우 중요합니다.

프랑스의 생드니 수도원 대성당은 프랑스 군주들의 안식처로 사용된 곳으로 알려져 있는데요. 그 위엄과 역사적 중요성 때문에 많은 관광객과 역사 애호가들에게 인기 있는 명소 중 하나입니다. 대성당의 기원은 3세기 후반으로 거슬러 올라가며, 프랑스의 수호성인 성 드니 St. Denis 와 관련이 있습니다. 전설에 따르면, 성 드니는 몽마르트르 언덕에서 순교자로 목숨을 잃었고, 자신의 머리를 들고 다니며 설교를 한다는 이야기가 전해지고 있습니다. 이후 성 드니를 기리기 위해 예배당이 세워졌으며, 이것이 대성당의 기원입니다. 성당을 방문하는 순례자들이 늘자 7세기에 다고베르트 1세는 예배당을 확장하기로 결정하고 더 큰 교회 건축을 의뢰했습니다.

처음에는 벽은 모자이크로 장식되어 있었고 나무로 만들어진 천장은 높지 않았으며, 기둥은 대리석을 썼다고 알려져 있습니다. 그러다 1135년에 새롭게 재탄생하게 되는데, 프로젝트를 총괄했던 수도원장 수제르Abbot Suger, 1081~1151 가 최초의 고딕 양식의 성당으로서 지금의 생드니 수도원 교회를 만들었습니다. 최초의 고딕 양식의 성당으로 시도되었기 때문에 성숙한 형태로 발전한 고딕 건축 양식을 보여준다기보다, 고딕 이전의 건축 양식인 로마네스크노르만 양식에서 변화해가는 복합적인 형태를 띠고 있는 것이 특징입니다.

로마네스크 건축 양식의 잔재는 성당 파사드의 양쪽으로 세워진 탑에서 찾아볼 수 있습니다. 파사드란 건물의 정면을 말하는데, 건축물의 얼굴로서 건축물의 인상과 분위기를 결정하는 중요한 요소 중 하나입니다. 생드니 대성당에서는 두 개의 탑 중 하나가 화재로 소실되면서 오늘날에는 탑 하나만 남아 있지만, 탑 두 개가 원래 모습대로 서있는 형상은 대칭의 형태였을 것이라 상상해봅니다. 그 외 새롭게 시도

생드니 수도원 대성당 내부

생드니 수도원 대성당 장미창 상세
이미지(좌)와 서쪽 파사드 출입구(우)

된 뾰족한 아치, 건물을 지지하고 있는 플라잉 버트레스, 성
당 내부 공간 중앙부인 네이브의 천장으로 보이는 리브 구
조, 가늘게 높이 뻗은 기둥들과 스테인드글라스로 화려하게
장식된 거대한 장미창은, 이후 다가올 시대에 자리 잡게 될
고딕 건축 양식의 초기 모습을 발견할 수 있게 합니다.

이들 건축 요소들이 모여 이루어내는 장엄함과 아름다움
은 건축과 예술 애호가들에게 큰 매력으로 다가옵니다. 특
히 서쪽 외관은 생드니 대성당에서 가장 흥미로운 공간입
니다. 고딕 건축에서는 파사드의 출입구에 깊이를 충분히
부여하면서 확보한 공간을 여러 겹으로 조각을 하여 입체적
인 효과를 연출하고, 건물의 아름다움을 더욱 강조했습니다.
이 공간은 성경 이야기와 성인들의 삶의 장면을 묘사한 화
려한 석조 조각품으로 장식되어 종교적 이야기와 예술적 표
현의 조화를 보여주며, 대성당 내부와 외부에서 방문객들을
매료하지요.

프랑스의 아미앵 대성당은 중세시대에 권력과 영광을 상
징합니다. 화려하고 위대한 건물로 고딕 건축의 전성기에
지어진 건축물의 대표적인 사례입니다. 이 건축물은 당시의
교황들과 군주들이 자신들의 권력과 영향력을 인상적으로
드러냅니다. 건축적인 디테일과 장식들은 중세의 종교적으
로 순전한 열정과 동시에 화려함을 대변하며, 교회 내부 또
한 세련된 장식과 화려한 스테인드글라스 창을 통해 중세의

아미앵 대성당, 1218~47년

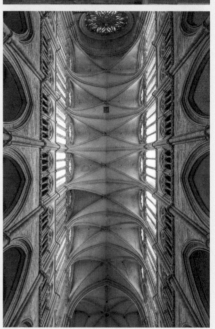

아미앵 대성당 내부 천장

예술적 가치를 보여줍니다. 이 대성당은 종교적인 중요성뿐만 아니라 건축사·예술사의 가치로도 인정받고 있습니다.

아미앵 대성당의 경우, 프랑스의 가장 큰 고딕 양식의 성당 중 하나로 13세기에 건축되었습니다. 아미앵 대성당은 역시 뾰족한 아치와 높은 천장, 화려한 장식 등 고딕 건축 양식의 특징을 활용하고 있습니다. 이러한 건물들은 당시의 건축 기술과 예술적인 요소들을 최대한 활용하였으며, 당시 사람들의 창의성과 미적 감각을 보여주는 훌륭한 예술작품들입니다. 고딕 건축의 뛰어난 예로서, 중세 유럽의 종교적·문화적 문맥을 이해하고 경험하는 데 중요한 장소들이라 할 수 있습니다. 세월이 흐르면서 고딕 양식의 건물은 점점 더 화려하고 복잡한 구조로 발전합니다.

성당 내부에는 천사들, 예수 그리스도, 성인들, 그리고 죄를 짓은 사람들 등의 장면이 창문 빼곡히 그려져 있습니다. 또한 건물의 천장은 아찔한 높이로 처리하여 공간감이 독보적이며 심리적 숭고미를 더합니다. 이 높이로 인해 고딕 건축만의 특별한 구조적 보강 장치가 등장합니다. 위로 높이 뻗어나가는 구조에서는 힘이 내려오면서 옆으로 퍼지려는 현상이 발생합니다. 이 현상을 막기 위해 옆에서 건물을 지탱하는 뼈대인 '플라잉버트레스Flying Buttress, 공중부벽'가 도입되었습니다.

플라잉버트레스는 중세시대 후반 고딕 건축의 특징입

니다. 건물을 안정적으로 높게 지을 수 있게 해주지요. 플라 잉버트레스로 구조적 안전성까지 확보한 성당 내부는 시간이 갈수록 극도로 장식되며, 생트 샤펠Sainte-Chapelle 대성당과 같이 화려한 공간을 표현할 수 있게 되었습니다.

이렇게 화려하게 발전한 고딕 문화와 예술이지만 고딕이라는 단어에는 특별한 뉘앙스가 담겨 있습니다. 이탈리아 로마인들에게 고스 튜턴족은 자신의 나라를 침략한 외부 민족이었습니다. 자신들이 이룩한 문화에 자부심을 가지고 있었던 로마인들은 이 이방인들의 문화를 인정하지 않았습니다. 그래서 고스, 고딕이라는 뜻은 말 그대로 고스족의 문화를 뜻하는 것 외에도 경멸적인, '야만적인' 이라는 뜻을 내포하게 되었지요.

고딕 문화는 사라지지 않고 시간의 흐름에 따라 변화하며 오늘날까지 이어집니다. 일반적으로 중세시대의 어두운 감성과 낭만주의를 상징하는 문화로 건축, 문학, 패션, 예술 등 다양한 분야에 남게 된 것이죠. 어둠과 광기, 죽음 등을 상징하며 음악에서는 록과 연관되고 패션에서는 검은색 가죽 바지, 검은 화장 등이 특징적이잖아요. 이들이 표면적으로 드러내는 것이 어떤 사람들에게는 반사회적이고 저항적인 이미지로 보일 수 있습니다. 이것이 그들 아이덴티티의 전부인 것처럼 다루어지거나 사회의 위험요소, 혹은 소수자들의 마이너 문화로 혐오적이거나 차별적인 의미로 다뤄지

아미앵 대성당 플라잉버트레스(공중부벽)

고딕 교회당 창문: 생트 샤펠 대성당,
1248년, 프랑스 파리

기도 하고요.

로마가 담은 부정적인 의미는 오늘날에도 이어져 '어두운', '극단적인', '우울하고 암울한' 여러 감성과 연결하여 사용됩니다. 하지만 특정 문화의 고유한 분위기나 범위는 다른 대중적·문화적 영역들이 다루지 않는 부분들의 존재를 인정하면서 그 자체적으로 삶의 형태를 더욱 다양한 스펙트럼으로 풍요롭게 표현해주지 않나 생각해봅니다. 그리고 이러한 것을 바탕으로 대중적으로 즐길 수 있는 문화 콘텐츠로 제작되어, 그들의 문화가 아니라 우리의 문화로 일상의 삶 속으로 편입되기도 하니까요.

이제 중세 건축의 장식을 살펴볼까 합니다. 건물의 장식은 건축적인 요소뿐만 아니라 문화적·종교적·정치적 의미를 담을 수 있는 중요한 부분입니다. 이러한 장식은 건물의 화려함과 아름다움을 강조하는 데 더불어 그 건물이 속한 문화와 종교의 가치를 나타내는 역할을 하는데요. 교회 건물에서의 장식은 특히 중요한 의미를 지닙니다. 종교적인 이야기나 사건들을 조각이나 스테인드글라스 유리 등을 통해 표현함으로써, 교회 내부와 외부가 신앙과 이야기들로 가득 차 있음을 보여줍니다. 이로써 교회는 단순히 건물에 불과한 것이 아니라, 신앙과 성경의 가르침을 전달하는 장소로서의 역할을 강조하게 되지요.

또한 건물의 화려한 장식은 종교적인 신앙과 권력의 상

프랑스 아를의 성 트로핌 대성당, 1180년경,
남프랑스

징으로도 작용할 수 있습니다. 중세시대에는 교황청이나 왕
족들이 건축물을 통해 자신들의 위엄과 권력을 나타내는 데
에 활용했습니다. 화려한 조각들과 장식적인 요소들은 권력
과 성취의 상징으로 작용하며, 이를 통해 관중에게 강력한
인상을 남겼습니다. 건축물의 장식은 단순한 미적 요소를
초월하여, 문화적·종교적·정치적 메시지를 전달하고 인상
을 주는 중요한 수단 중 하나로 작용했던 것입니다.

생 트로핌 대성당은 프랑스 아를 지방에 있습니다. 중세
시대를 대표하는 로마네스크 양식의 대성당으로 13세기에

성 트로핌 대성당 정면 출입구 조각, 중앙의 예수 그리스도 좌우상하로
천사(성 마태오), 사자(성 마르코), 독수리(성 요한), 황소(성 루가)가
표현되어 있으며, 그 아래에는 열두 사도가 조각되어 있다.

지어졌습니다. 이 성당의 정면에는 예술적인 장식과 그림들
이 건축에 어떻게 사용되었는지를 살펴볼 수 있습니다. 이
건물 정면부에는 천사, 사자, 독수리, 황소 같은 동물 상징이
등장합니다. 천사는 성 마태오, 사자는 성 마르코, 독수리는
성 요한, 황소는 성 루가를 상징합니다. 가운데에는 네 복음
서 저자에 둘러싸인 예수 그리스도가 있습니다. 그 아래 조
각된 예수 그리스도를 따랐던 열두 사도들은 중세시대의 예
술에서 자주 그려지는 주제 중 하나로, 그들의 특징적인 모
습과 동작들을 통해 구별할 수 있습니다.

이러한 조각과 그림들은 신앙과 종교적인 가르침을 시각
적으로 전달하는 역할을 합니다. 이와 함께 성당 내부의 조

각과 장식들은 신자들에게 성경 이야기와 기독교의 가르침으로 신앙심을 고취시킵니다. 중세에는 기술적인 발전이 제한적이었기에 문학이나 종교적인 이야기를 전달하려면 그림이 중요한 매체였습니다. 이렇게 그려진 그림들은 상세한 인물 표현이나 특정한 동작들로 누가 누구인지 분명하게 알 수 있도록 만들어졌습니다. 이러한 그림들을 '이콘_{성상화}'이라고 부르며, 교회에서는 성경이나 종교적인 이야기들을 이러한 이콘들을 통해 전달했습니다.

미술사에서 '이콘'이라는 단어는 요즘 우리가 '아이콘'이라고 하는 단어와 동일합니다. 오늘날 연예인, 스포츠 스타, 역사적 인물 등은 그 분야에서 아이콘으로 보며 영향력과 중요성을 나타내기 위해 이 용어를 사용합니다. 또한 컴퓨터와 모바일 기기에서 '아이콘'은 파일, 앱 또는 기타 요소를 식별하고 사용자가 쉽게 액세스할 수 있도록 도와주는 작은 이미지를 말합니다.

이콘은 그리스어 'Eikōn'에서 유래했으며 원래로는 단순히 이미지나 상을 의미합니다. 그러나 역사적으로 동로마 비잔틴 제국 때 확산된 기독교 문화에서부터 중요한 의미를 가지기 시작했습니다. 비잔틴 제국을 비롯한 기독교 교파에서는 이콘에 거룩하다는 의미를 더해 '성상'이라고도 불렀습니다. 이것은 기독교 신앙과 관련된 중요한 인물과 사건의 이미지를 나타내는 데 사용되었습니다.

3세기 이탈리아 로마의 도미틸라 카타콤(좌) 벽화와 16세기 이콘에 그려진 성 베드로와 성 바오로, 두 인물은 1300년이 흘러도 동일한 규칙으로 표현되었다.

오늘날 사람들은 예술을 창의성과 자기표현으로 인식합니다. 그러나 예술이 항상 그랬던 것은 아닙니다. 이콘은 보는 이가 인식하고 이해할 수 있는 방식으로 역사적 인물과 기독교의 가르침을 표현하기 위한 예술이었습니다. 이콘은 표현된 인물에 대한 헌신을 보여주는 방법으로 숭배되었기 때문에, 포인트는 예술가가 누구였는지가 아니라 예술작품 속의 대상, 즉 누가 묘사되었는지가 특히 중요했습니다.

이를 달성하기 위해 예술가들은 종종 예술적 관습에 의존했습니다. 예를 들어, 성 베드로와 성 바오로는 각각 수세기에 걸쳐 달라진 점 없이 거의 똑같아 보입니다. 성 베드로는 흰 웨이브 머리에 짧은 수염을 가진 노인으로 표현됩니다. 성 바오로는 앞쪽에는 살짝 벗겨진 머리에 머리카락은 갈색, 끝이 뾰족한 수염을 가지고 있는 모습입니다. 현대인은 이러한 반복이 독창적이지 않다고 무시할 수 있습니다. 그러나 관습에 익숙한 이들에게 이콘 속 인물들은 마치 오랜 친구의 얼굴을 보는 것처럼 즉시 알아볼 수 있습니다. 표현의 규칙으로 메시지를 전달하고 의사소통을 할 수 있었던 것이지요.

중세 미술가들은 창의적인 자유가 다른 시대에 비해 제한적이었던 것으로 볼 수도 있습니다. 그러나 그들은 종교적인 영감과 표현을 통해 그림을 만들어내는 행위 자체에 많은 노력을 기울였습니다. 이 점은 시대적 제약 속에서도 독특하고 특색 있는 예술 양식을 형성했던 중세 미술을 이해하는 데 열쇠가 됩니다.

건축은 다양한 장면과 이야기를 담아내면서 시대적 특징을 보여줍니다. 중세시대의 건축물은 로마네스크와 고딕으로 대표되는 특징들로 역사적인 가치와 고유의 예술적 아름다움을 함께 담고 있으며, 현대인들에게도 여전히 많은 매력을 끌어내고 있습니다. 이러한 건축물을 감상하고 그 속에 담긴 이야기를 이해하는 것은 중세시대의 문화와 예술에 대한 흥미로운 경험이 될 것입니다.

4장

르네상스 시대의 건축과 예술

누구에게나 삶에서 다시는 돌아갈 수 없는 전환점이나 변곡점이 있습니다. 새로운 때가 도래했음을 느끼게 하는 구체적인 변화의 기점. 이전의 삶이 지금의 것과 다르다는 것을 깨닫게 하는 그 지점 말입니다. 프랑스의 철학자 미셸 푸코Michel Foucault, 1926~1984는 사회의 변화 가운데 발생하는 이 같은 변화를 연속과 불연속의 관계로 설명한 바 있습니다. 한 역사 시대에서 다른 시대로 전환하면서 사물들은 겹치고 상호작용하며 서로와 공명하는 가운데 어느 순간 더 이상 같은 방식으로 인식되거나 표현되지도, 특징이 되거나 분리되지도 않게 된다는 것이지요.[1] 단지 비슷해보인다는 이유만으로 전과 동일한 방식으로 이해하면 오류가 발생한다는 뜻입니다.

중세시대와 르네상스 시대를 불연속의 순간으로 분리하는 중요한 변화 중 하나는 '투시도 기법'입니다. 새로움에 대한 그 감각은 전과는 달리 보이는 것을 표현해보고자 하는 의지와 결합하면서 그에 상응하는 새로운 체계를 만들어내게 됩니다. 전과는 다른 방식으로 세계를 인식하고 표현할수 있게 된, 유의미한 변화였던 것이지요. 변화가 일어난 장소는 이탈리아의 피렌체였는데요. 회화에서부터 건축, 도시공간에 두루 적용된 투시도 기법은 거리나 공간의 깊이를이차원 평면에 사실적으로 표현하는 방식을 말합니다. 15세기 초인 1400년경에 이러한 상황이 어떻게 형성되었고, 투시도 기법은 어떻게 새로운 시대를 열게 되었는지 살펴보겠습니다.

새로운 전환의 시대, 르네상스

이 시대에서 사회는 조금씩 변화하고 있었습니다. 중세 사회에서는 영주들이 지배하는 봉건사회가 형성되었고 이러한 사회에서 노동자들은 길드Guild를 조직하여 일했습니다. 길드는 중세 유럽에서 형성된 협동조합의 초기 형태로, 동일한 직업이나 업종을 가진 사람들이 모여서 경제적 이익을 추구하고 서로의 이익을 지원하는 조직을 말하는데요. 길드는 기술과 지식을 공유하며 회원들의 권리와 의무를 규정하는 형태로 운영되었습니다. 주로 수공업, 장인, 상인 등의 직업군에서 발전하였으며, 그 역할은 다양했습니다. 길드는 전문 기술의 전달과 개발을 촉진하며, 제품의 품질 향상과 기술 표준을 유지하기 위해 노력했습니다. 또한 회원들의 이익을 보호하고 경쟁을 통제하기 위해 조직적 활동을 펼쳤습니다.

길드는 자체 규정과 법적 구조를 갖추어 회원들의 권리와 의무, 제재 등을 조정하였는데, 일부 길드는 도시의 정치적 힘까지 발휘하면서, 지역 사회에 큰 영향을 미칠 수 있었습니다. 경제를 움직이는 길드 조직원들의 사회적 역할은 중요했으나, 이들에게는 직업을 바꿀 수 있는 자유가 허락되지 않았습니다. 직업은 세습되는 경우가 대다수였고요.

또한 그 당시 사람들은 여행을 하거나 개인적인 성취를 위한 활동을 할 수 있는 여건이 부족했습니다. 지역과 지역은 연결되지 않았으며 성 밖으로 나오면 황무지와 같은 환경이 펼쳐져 위험했습니다. 성 안에서는 평생 동안 한 가지 직업을 수행하는 것이 일반적이었으며, 자신의 직업을 물려받아 평생을 살아가는 사회 구조였습니다. 다른 직업을 시도하거나 꿈을 펼치는 것은 매우 어려운 일이었습니다. 그러나 변화는 조금씩 일어나 경제가 발전하고 사회적 분화가 조금씩 형성되면서, 예술적 활동 역시 조금씩 활성화되기 시작했습니다.

이러한 변화의 시대인 15세기 초부터입니다. 절대왕권이 등장하여 사회를 지배하기 전까지의 시대를 '르네상스'라는 용어로 부릅니다. 르네상스라는 말은 '재생' 또는 '부활'을 의미합니다. 경제적 발전과 함께 찾아온 이탈리아의 르네상스는 그리스와 로마 고전 예술에 대한 열광적인 복원과 복제로 시작하여 고전적인 원칙과 이념을 다시 탐구하는 것으로 이어졌습니다. 이 기간의 예술가들은 고전 예술과 인문주의적인 철학을 다시 발견하고, 이를 현대 문화와 결합하여 새로운 형태의 예술을 창조했습니다. 이는 미술, 공학, 문학 등 여러 분야에 걸쳐 영향을 미쳤으며, 대표적 예술가로는 레오나르도 다빈치, 미켈란젤로, 라파엘 등이 있습니다.

중세시대를 단순하고 야만적이라고 여겨졌던 르네상스 예술가들은 중세 예술에 비해 보다 현실적이고 고요한 표현을 추구했으며, 세밀한 관찰과 인체의 비례를 강조했습니다. 예술가와 작가들은 '고대 그리스와 로마'의 작품과 아이디어를 '되살리기' 시작했으며, 이러한 영감을 통해 새로운 작품들을 창조하고 발전시켰습니다. 이런 예술적 활동과 인문학적 소양의 확장은 르네상스의 본질적인 특징 중 하나입니다. 고대 그리스와 로마의 예술과 철학은 유럽 문화의 근간을 이루었고, 르네상스 시대에 이러한 유산이 다시 주목받아 현대에 이르는 문화적 발전에 큰 영향을 미쳤습니다.

피렌체는 르네상스 시대에 큰 영향을 준 르네상스 문화예술의 중심지입니다. 이탈리아의 고대 그리스와 로마 문화를 되살려내며 인간의 예술과 사상적 발전을 촉진한 지역이었습니다. 영어 이름은 '플로렌스'. 꽃의 도시라는 뜻이지요. 피렌체가 경제적으로 발전하고 이탈리아 르네상스의 발전을 견인하는 중요한 역할을 하는 데에는 메디치 가문의 후원이 큰 역할을 했습니다. 메디치 가문은 르네상스 시대에 예술과 학문을 통해 도시의 발전과 미래를 모색하는 큰 관심을 갖고 있었습니다.

플로렌스를 그린 목판화, 1493년
사진: Bas van Hout(CC BY 4.0)

 그들은 다수의 예술가와 철학자, 과학자를 후원하고 지
원하여 피렌체를 르네상스의 중심으로 만들었습니다. 르네
상스의 두드러진 인물들 중 다수가 피렌체에서 활동하였고,
그들의 업적은 이후의 예술과 학문에 큰 영향을 미치게 됩
니다. 많은 인물들이 있었지만 특히 피렌체에서 활동한 두
인물, 바로 지오토 디 본도네와 단테 알리기에리는 이 시대
의 예술과 문화에 큰 영감을 제공했습니다.

 지오토 디 본도네는 피렌체에서 활동한 화가로, 그의 그
림은 종교적 내용과 자연의 아름다움을 결합하여 표현하였

지오토 디 본도네 초상화, 1490~1550년
추정, 루브르 박물관
사진: Florentine School(CC BY-SA 3.0)

습니다. 그의 작품은 르네상스 시기의 예술가들이 고대 그
리스와 로마의 영감을 더해 창조한 새로운 작품들의 대표적
인 예시 중 하나입니다. 단테 알리기에리는 이탈리아 문학
의 거장으로 〈신곡〉이라는 시를 창작한 것으로 유명합니다.
그는 자신의 작품을 통해 중세와 고대를 연결시키며 피렌체
의 역사적 배경과 문화를 반영하였습니다. 그의 작품은 그
시대의 인간 본성과 성찰을 담아내면서도 고대와 중세의 영
감을 함께 담고 있습니다. 단테의 초상화에서 단테는 자신
의 대표작 〈신곡〉을 펼쳐 보이고 있습니다. 그의 좌측으로
는 작품 속 연옥의 모습이 그려져 있으며, 오른쪽으로는 그
의 고향 피렌체의 대표 건축물 피렌체 대성당을 살펴볼 수

자신의 작품 〈신곡〉을 펼쳐 보이는 단테, 오른쪽으로
피렌체 대성당이 보인다. 도미니코 디 미켈리노의
1465년 프레스코화, 피렌체 대성당

있는 것이 흥미롭습니다.

피렌체는 르네상스 시대에 유럽의 다양한 작은 영지들
중에서도 독특한 위치와 환경을 가지고 있습니다. 다양한
분야에서 활발한 발전을 이룬 도시로 특별히 정치적 실험과
사회적 조건의 변형이 끊임없이 이루어져 근대 국가의 초
석을 놓은 곳으로 평가됩니다. 중세시대 동안 피렌체는 정
치적 불화를 겪었지만 경제적으로 번영했습니다. 예를 들어
'플로린Florin'이라는 화폐 단위와 방법이 1252년에 피렌체

공화국을 위해 처음 도입되었는데, 플로린원래 이름은 피오리노, Fiorino 은 중세시대 피렌체의 경제적 강점을 강조하는 중요한 요소입니다.

여기서 잠시 동전의 역사를 이야기하고 넘어갈게요. 동전은 역사 속에서 가치를 나타내고 거래를 용이하게 하는 데 큰 역할을 해왔는데요. 기원전 7세기에 고대 리디아에서 처음으로 사용되기 시작한 이후로 경제와 무역의 혁명을 일으키는 중요한 요소였습니다. 동전은 물물교환을 편리하게 하며 가치를 표현하고 저장할 수 있는 매체였습니다. 이전에는 물물교환으로 진행되던 거래가 동전을 통해 단순화되었으며 보다 효율적인 거래방식을 가능하게 되었습니다. 동전의 가치는 동전에 사용된 금속의 양과 내재된 가치에 따라 정해졌으므로, 동전은 표준화된 가치 체계를 제공하여 거래의 신뢰성을 높였습니다. 동전은 문화와 정치에서도 중요한 역할을 했습니다. 많은 문명에서 동전에 국가나 지도자의 상징을 새겨 권위와 신뢰를 상징적으로 나타냈습니다.

동전의 역사는 시간이 흐름에 따라 다양한 형태와 디자인으로 진화해왔습니다. 각각의 시대와 문화에서 독특한 동전이 만들어지면서 동전은 역사와 예술의 중요한 부분이 되었지요. 플로린은 직경 2cm, 무게는 단 3.5g에 불과하지만 순금 덩어리로 만들어진 금화였습니다. 순금 3.5g 이면 요즘 기준으로 약 50만 원 정도이나 당시에는 100만 원 이

상의 가치를 가지고 있었습니다. 이 무렵 제네바, 베네치아
등 경제적으로 성장하던 도시들은 지역만의 금화를 발행했
습니다. 수준 높은 교역활동을 통해 사하라 남쪽 지역에서
채굴한 금을 북아프리카를 거쳐 획득할 수 있었기 때문입
니다.

피렌체의 상징은 수호자 세례자 성 요한과 꽃입니다. 상
징으로 백합 꽃잎을 그려 넣은 플로린은 금 중량과 통화로
서의 신뢰성에 힘입어 피렌체 공화국의 경계를 넘어 널리
사용되었습니다. 결과적으로 당시 유럽 전역에서 가장 흔한
통화 중 하나가 되었지요. 플로린은 1533년까지 디자인에
큰 변경 없이 사용되었고, 피렌체의 은행가들은 도시국가와

그 이상에서 권력을 획득했습니다. 피렌체의 주요 은행들은 다른 도시와 지역에 지점을 만들었고, 피렌체의 경제적·정치적 영향력이 이탈리아 반도 전역에 퍼지게 이끌었습니다. 이와 같이 피렌체는 무역과 상업의 중심지로 번영하게 되었습니다.

뿐만 아니라 피렌체는 르네상스의 문화적 창조성과 비평적 사고의 중심지였습니다. 예술가와 문인들이 이곳에서 다양한 분야에서 창작을 하며 새로운 아이디어와 영감을 공유하고 발전시키는 환경이 형성됩니다. 이러한 문화적 활동은 피렌체를 르네상스의 새로운 정신의 중심지로 만들어주었습니다. 따라서 이 지역에서의 활발한 활동은 역사의 흐름을 통해 서양 문화와 예술의 발전을 이해하는 데 큰 도움을 줍니다.

이와 같이 번영했던 피렌체에 역시 시대를 대표하는 건축물이 서게 됩니다. 피렌체 대성당입니다. 피렌체 대성당은 이탈리아어로 이탈리아의 한 도시를 대표하는 성당을 의미하는 '두오모Duomo'라고 불리기도 하며, 정식 명칭은 산타 마리아 델 피오레Santa Maria del Fiore 바실리카입니다. 피렌체 대성당은 중세 후기에 등장한 새로운 건축 양식이었던 고딕 양식에 뿌리를 두면서, 르네상스로 이어지는 변화의 시기를 대표하는 중요한 건축물 중 하나인데요. 이 건물이 중세시대에는 볼 수 없었던 새로운 스타일과 기술적 요소를 포함하

이탈리아 피렌체의 피렌체 대성당

피렌체 대성당
큐폴라

피렌체 대성당 내부

고 있었기 때문에 특별한 의미를 갖고 있습니다.

피렌체 대성당은 피렌체의 부유한 상업 도시적 특성과 무역 활동으로 얻은 재정적 기반을 토대로 지어질 수 있었습니다. 이 건물은 1296년부터 1436년까지 건설되었으며, 그 시기에 건축가 브루넬레스키 Filippo Brunelleschi 가 주요 설계자로서 활약했습니다. 브루넬레스키는 르네상스 시대의 중요한 건축가로서 투시도 기법을 최초로 발명하였다고 알려져 있으며, 후기 고딕 시대에서 시작하여 르네상스 초기 건축 분야에서 혁신과 변화를 일으킨 인물 중 한 명입니다.

피렌체 대성당의
브루넬레스키 조각상

브루넬레스키는 중세의 건축 양식인 고딕 양식과 달리 고대 그리스와 로마의 고전적 양식과 원리에 관심을 가지고 있었습니다. 이는 '양식의 부활'이라고도 할 수 있는데, 그는 고대 건축의 원리로 아름다움과 조화를 다시 찾아보려는 노력을 기울였습니다. 그는 고대 그리스 로마 건축을 연구하고 모델링하여 건축 양식에 대한 새로운 이해를 도입하였습니다. 그 결과, 브루넬레스키는 피렌체 대성당의 설계를 진행하면서 새로운 건축 기법을 적용하게 됩니다. 그가 개발한 방식은 돔 구조와 건축 안정성에 관한 혁신적인 방법으로, 비로소 크고 높은 돔을 안정적으로 지을 수 있게 되었습니다. 이 기술의 성공은 르네상스 건축의 패러다임 전환을 이끌며 이후 르네상스 시대의 건축가들에게 큰 영향을 미쳤습니다.

피렌체 대성당의 주요 특징은 돔 구조에 있는데요. 이 건물의 돔 구조에 대한 주요 특징은 다음과 같습니다.

먼저 이중 쉘 구조입니다. 브루넬레스키는 이중 쉘 구조를 적용한 돔을 개발하여 안정성과 아름다움을 동시에 추구했습니다. 돔의 내부와 외부, 그리고 돔 지지 구조를 심도 있게 연구하여 안정성을 확보한 것이죠. 내부 돔과 외부 돔 사이에는 공간이 있는데 이는 돔의 무게를 분산시키고 안정성을 높이는 역할을 합니다.

둘째, 헤링본 패턴의 방사형 리브 구조입니다. 피렌체 대

피렌체 대성당 돔 구조,
벽돌 사백만 개 이상이 사용되었다.
이미지: www.museumsinflorence.com

성당의 돔 지지를 위해 해링본 패턴의 방사형으로 배열된
벽돌 블록 리브 구조를 사용했습니다. 이 방식은 돔의 중
앙 부분에서 무게를 받아들이며 안정성을 유지하면서도 아
름다운 기하학적 패턴을 형성합니다.

 셋째, 간결한 디자인입니다. 브루넬레스키는 과도한 장식
을 배제하고 단순하고 깔끔한 디자인을 추구했습니다. 이는

르네상스의 특징인 고전주의와 비롯된 요소로서, 건축물의 형태와 구조에 중점을 두었습니다.

브루넬레스키 돔의 비밀 중 하나는 건축 기술에 있습니다. 특별히 브로넬레스키는 돔을 축조하기 위한 방식으로 헤링본Herringbone 패턴으로 각 층에 벽돌을 쌓아 올린 다른 벽돌 열과 교대로 번갈아 가며 자체 지지 구조를 만드는 방식을 건축에 도입했습니다. 헤링본 패턴은 그 이름처럼 청어Herring의 뼈Bone 모양 같이 격자무늬 형태로 보이는 무늬로 고대에서 중세를 거쳐 오늘날까지 양모 수트 패브릭부터 도자기 무늬, 타일링과 같은 건축 요소 등 여러 분야에서 두루 활용되어 왔습니다. 헤링본 패턴의 정확한 기원을 추적하기는 어렵습니다만, 패턴 자체는 고대 로마의 도로와 건물, 고대 이집트의 고급 보석, 고대 북미 토착 바구니 제조법에 이르기까지 어디에서나 발견됩니다.

건축 토목기술과 관련한 헤링본 패턴의 활용 사례는 로마 제국으로 거슬러 올라갑니다. 로마인들은 헤링본 패턴으로 건축에서는 벽과 난로, 토목 분야에서는 도로를 만들었습니다. 특히, 도로 포장작업 중 블록을 깔 때 헤링본 패턴을 활용하면 하중을 매우 안정적으로 흡수하여 내구성이 뛰어나게 만들 수 있었습니다. 이러한 석공법을 라틴어로 '오푸스 스피카툼Opus Spicatum'이라고 합니다. 말 그대로 뾰족한 작업, 영어로는 'Spiked Work'를 의미합니다. 강력한 인

청어 뼈 모양의 격자무늬

이탈리아 로마 트라야누스
시장의 오푸스 스피카툼 포장

프랑스 루아르 계곡의
사베니에르(Savennières) 성당 앞에
있는 오푸스 스피카툼 포장
사진: Koromin(CC BY 3.0)

프라를 구축하는 것이 로마 제국을 유지하고 발전시키는 데 필수적이었기에 안정성 있는 도로를 만드는 이 방법은 혁신 기술이었습니다. 오푸스 스피카툼 방식은 도로 외에도 벽, 바닥 등 건축물에도 두루 활용되면서 유럽 전역으로 퍼집니다. 건축가 브루넬레스키는 고전적 축조 공법을 피렌체 대성당 돔에 적용해서 획기적인 건축물을 만들어내는 데 성공합니다. 이 돔은 이중 쉘 구조로 인해 두 개 층의 내부와 외부 돔 두 구조물 사이에 복도 공간이 있어 특이합니다.

피렌체 대성당의 돔은 당대 건축 공법에 혁신을 불러일으킨 사례로 평가됩니다. 이후 다양한 르네상스 건축가들에게 영향을 주었습니다. 피렌체의 상업 활동과 문화적 창조성이 어우러져 만들어진 결과물로, 그 시대의 근대적 정신과 발전을 대표하는 건축물 중 하나로 평가되고 있습니다. 이와 같은 건물의 등장은 르네상스 시기의 피렌체가 어떤 독특한 역할을 하며 발전했는지를 보여주는 중요한 증거 중 하나입니다.

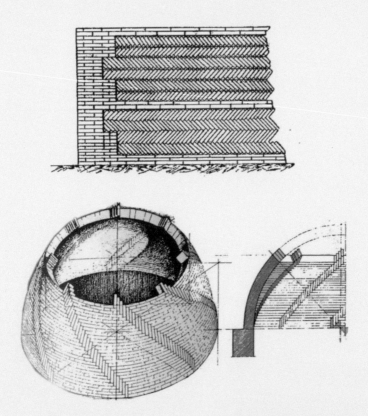

로마의 기술 오푸스 스피카툼을 적용하여
브루넬레스키가 고안한 피렌체 대성당 돔
구축 방식
그림: C.G. de Montauzan & F.C. Gurrieri.

피렌체 대성당 내외부 돔 사이의 복도 공간,
오푸스 스피카툼으로 쌓은 벽돌이 보인다.

수학적 원리 기반의
원근법 투시도 기법

투시도 기법은 미술에서 사용되는 시각적인 표현 기법입니다. 이차원 평면에 삼차원 공간을 재현하는 방법입니다. 투시도는 소실점 기법을 활용하여 그림이나 화면을 작성합니다. 소실점은 특정한 시각적 요소가 멀리 있는 한 점으로 수렴하는 것을 나타내며, 투시도를 통해 이러한 소실점을 활용하여 입체적인 느낌을 강조하거나 그림을 형상화하는 데 사용됩니다. 건축가 브루넬레스키는 기존의 중세 예술에서 사용되던 공간 표현 방법과는 다른 원근법을 개발하였습니다.

이 원근법은 수학적 원리를 기반으로 하며, 물체의 크기와 거리를 관찰자의 시각에서의 위치에 따라 수학적으로 정확하게 표현할 수 있게 했습니다. 단축법과 원근법을 이해했던 그리스 미술가들도 이러한 원리를 제대로 이해하고 적용하지는 못했습니다. 그리스와 헬레니즘 시대의 예술가들은 공간의 깊이를 나타내는 데 제한이 있었고, 물체가 멀어

산타 마리아
노벨라 성당

질수록 크기가 작아진다는 원리를 수학적으로 이해한다기
보다 자연적으로, 바꿔 말해 감으로 이해하여 제대로 파악
하지 못했던 것이죠. 이로 인해 작품은 공간적인 현실감을
부여받지 못하고 어떤 면에서는 이질적으로 보일 수 있었습
니다.

투시도 기법은 주로 르네상스 시대에 발전하면서 큰 발
전을 이루었으며, 선형 원근법과 공간 원근법 등 다양한 형
태로 나타났습니다. 투시도 기법은 그림이 현실적인 깊이와
차원을 가지도록 하여 작품이 더 현실적으로 보이도록 도왔

습니다. 이러한 기법의 발전은 미술 분야에서 시각적 표현의 혁명을 일으켰고, 작품의 현실감과 공간감을 증진시켰습니다.

산타 마리아 노벨라 성당은 피렌체를 대표하는 또 다른 성당입니다. 이 건물은 14세기 도미니크회 성당으로 건립된 피렌체의 대표적인 랜드마크이며, 성당 내부에 마사치오가 그린 프레스코화가 투시법의 발전과 관련된 중요한 사례로 언급됩니다.

27세에 세상을 떠난 마사치오가 25세일 때 그린 이 그림은 투시법의 기법을 활용하여 십자가에 매달린 예수 그리스도를 담고 있습니다. 특징은 반원형 아치 형태를 연속하게 만들어 직사각형 평면을 덮는 천장 구조인 배럴볼트에 있습니다. 그림에서 깊이 방향으로 보이는 배럴볼트는 멀리서 볼 때 공간의 깊이와 입체성을 배가하며 사실적인 묘사와 환경 설정을 드러냅니다. 이 작품의 원근법은 그림의 하단에서 수렴하여 볼트를 더 엄숙하게 인식하게 합니다. 르네상스 내부 공간이 완벽하게 구현되지 않은 시기에 그려진 이 프레스코화는, 원근법의 발견을 통해 담겨 있는 르네상스 정신을 건축적으로 나타낸 초기 사례로 볼 수 있습니다. 또한 건축과 미술에서 투시법이 어떻게 사용되기 시작했는지를 보여주는 사례입니다.

마사치오가 그린 〈성 삼위일체〉,
1425~1428년, 산타 마리아
노벨라 성당, 천장 구조인
배럴볼트(Barrel Vault)가
투시도 기법으로 나타난다.

성 안드레아 성당, 1472~1514년,
정간장식이 그려진 마사치오의 〈성 삼위일체〉
프레스코화가 그려진 지 거의 50년 후에
세로 배럴볼트가 실제로 성당 내부에
사용되었다.
사진: Anna Zacchi(CC BY 2.5)

성 안드레아 성당 내부
사진: Tango7174(CC BY-SA 4.0)

마사치오의 프레스코화가 그려진 후 50여 년이 지나 건축에도 동일한 구조가 등장합니다. 건축가 레온 바티스타 알베르티에 의해서였습니다. 알베르티는 이탈리아 만투아에 있는 성 안드레아 성당에 투시도 기법을 적용합니다. 마사치오의 그림 속 배럴볼트를 실제 건축 공간에 적용했죠. 파사드 아치 입구에 깊이 방향으로 배럴볼트가 보이시나요? 성당 내부 공간에도 같은 방식으로 배럴볼트가 구축됩니다. 르네상스 시대의 예술과 건축의 상호작용을 보여주는 예입니다.

투시도 기법을 건축 공간에 적용한 더 흥미로운 사례입니다. 브라만테가 밀라노에 설계한 성 사티로 교회당에서 발견할 수 있습니다. 도나토 브라만테는 이탈리아 르네상스 시대의 건축가로, 성직자였던 동시에 화가와 기하학자로서도 활동했습니다. 그는 브루넬레스키와 함께 르네상스 시대의 건축에 혁신을 가져온 중요한 인물 중 하나로 평가되는데요. 브라만테는 투시법을 건축에 적용한 선구자 중 한 사람으로 그가 디자인한 건축물 중 하나인 성 사티로 교회당의 건축적 특징 중 하나는 바로 투시법을 활용한 착시 Illusionistic 효과입니다.

브라만테는 성 사티로 교회당 내 앱스가 있어야 할 벽면에 착시효과를 활용합니다. 투시도 기법을 활용해 앱스가 없는 이차원 벽면에 삼차원으로 앱스가 있는 것처럼 그려 넣었죠. 내부 벽면에는 깊이 있는 공간이 실재하지 않음에도 있는 것처럼 보입니다.

오늘날의 관점으로 이를 생각하면 "속았네!" 하며 한번 웃고 말 일일 수도 있습니다. 그러나 투시도 기법이 발명되기 전에는 상상도 할 수 없는 일이었습니다. 이와 비슷하게 착시효과를 사용하는 오늘날의 방식으로는 거울을 두는 것을 생각해볼 수 있을 것 같습니다. 거울이 있으면 공간이 두 배로 넓어 보이는 효과가 있는데, 비슷한 착시효과입니다. 브라만테가 건축에 적용한 투시도 기법은 르네상스 시대의 건축과 미술에서 흥미로운 발전을 이끈 중요한 특징 중 하나로 평가되며, 그의 작품은 고전적인 원리와 현대적인 창의성의 조화를 보여줍니다.

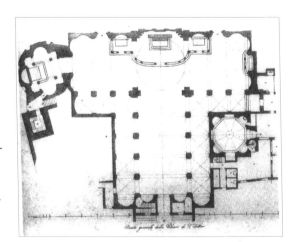

성 사티로 교회당 평면도, 19세기 스케치, 작자미상, 앱스가 있다면 평면은 십자형이어야 하지만 T자형이다.

이탈리아 밀라노의
성 사티로 교회당
사진: Lugvig14(CC BY-
SA 4,0)

십자형 바실리카
평면의 앱스 부분으로
깊이가 있는 것 같지만,
사실은 투시법을
활용해 삼차원
공간처럼 보이게 그린
그림이다.
사진: Paolobon140(CC
BY-SA 4,0)

투시도 기법의 발전은 카를로 마데르노Carlo Maderno, 1556~1629 라는 이탈리아 건축가가 설계한 성 베드로 대성당에서 정점을 이룹니다. 성 베드로 대성당은 로마 가톨릭 건축물 중 규모가 가장 큰 성당으로서 길이가 218m, 높이가 137m, 총 면적이 22,067m²에 달하는 규모입니다. 성 베드로 대성당에서 회중석의 높이는 약 46m 이상으로, 근대 초기 마천루 건물의 높이와 비교될 만큼 높습니다.

그런데 마데르노는 이 높이를 평면의 폭과 정교한 비례 관계로 처리했습니다. 그래서 비록 회중석의 폭이 비교적 좁을지라도 관찰자들은 이를 인식하기 힘듭니다. 측면에는 부속 예배당들을 마련한 덕분에 사람들은 회중석의 실제 규모가 확장되었다는 것을 무심코 여기게 됩니다. 더 큰 회중석에 새로운 활력이 생기게 되었지요. 마사치오가 〈성 삼위일체〉 프레스코화에서 그린 볼트와는 달리, 마데르노의 성 베드로 대성당 회중석은 새로운 규모와 복합성이 특징입니다.

바티칸의
성 베드로 대성당

성 베드로 대성당
내부

우주와 조화하는
이상도시계획

르네상스 시대에는 문화와 예술, 과학이 크게 발전합니다. 도시계획에서도 새로운 관심과 접근이 나타났지요. 앞서 투시도 기법이 회화와 건축 공간에 적용되어가는 과정을 살펴보았는데, 도시계획에 있어서도 투시도 기법의 영향을 찾을 수 있습니다.

투시도 기법은 멀고 가까움을 표현하는 회화 방식입니다. 수평선과 수직선을 사용하여 그림 속의 물체의 크기와 위치를 실제처럼 수학적인 비례관계를 따라 표현합니다. 이 방식은 한 위치에 머무르는 정적인 관찰자를 가정합니다. 그가 전체 풍경을 관찰하는 중심이 되지요. 르네상스 사람들은 단일한 초점 혹은 중심을 도시계획에도 적용했습니다. 그래서 르네상스 사람들이 계획하고자 했던 이상적인 도시 Citta Ideale 의 형태들을 살펴보면, 공통적으로 중심부에 관찰지점의 역할을 하는 중앙 탑이나 광장이 있습니다. 중앙부에서 방사형 가로가 뻗어나가는 도시는 대칭 형태로

이탈리아 팔마노바 시 항공사진

팔마노바 시의 모습, 1572~1680년, 작자미상

요새화되어 정다각형을 이룹니다. 슬로베니아 국경 가까이 이탈리아 북쪽에 위치한 팔마노바Palmanova 시가 대표 사례입니다. 이 마을은 수천 년 전부터 있었지만 현재 남아 있는 도시의 모습은 16세기와 17세기에 요새로 시작했습니다. 베네치아 제국이 오스트리아와 터키의 군대 공격을 막기 위해 만들었지요.

팔마노바는 1593년에 구축되기 시작합니다. 완공까지는 약 100년이 걸렸습니다. 이 마을은 동심원 별 모양으로, 점진적으로 건설된 고리 세 개로 이루어집니다. 전체 마을은 지름이 7km인 원형 지역으로 둘러싸여 있습니다. 동물이나 외부인, 특히 적들의 침입을 방어하는 것이 중요했습니다. 성城 주위를 파서 경계로 삼은 구덩이인 해자垓字를 만들었지요. 그리고 아홉 개의 화살 모양을 이루는 성벽이 마을 외부로 돌출되어 서로를 방어할 수 있게 했습니다.

팔마노바를 좀 더 잘 이해하기 위해 고대로 거슬러 올라가봅니다. 메소포타미아와 같은 고대 도시의 모델은 영역 설정과 기반 시설 제공에 중점을 두었습니다. 이 시기의 도시는 시민들의 일상생활을 위한 지역을 설정하고, 급수 및 오물 처리와 같은 기반 시설과 시스템을 구축하여 사회 질서와 기능을 형성했습니다. 이후 그리스 도시의 패러다임은 합리성과 기하학에 영향을 받았습니다. 그리스 도시는 거리와 공공 공간의 합리적 배치를 강조했습니다. 그리고 피타고라스의 기하학 원칙을 활용하여 격자 형태의 도시계획을 세우는 데 중점을 두었습니다. 로마 제국은 그리스 도시계획을 기초로 도시 중심에 포럼Forum을 세웠습니다. 집회와 시장의 기능을 제공하고 원형 극장, 대중목욕탕, 사원 등의 건축물을 계획했습니다.

로마 이후 튜턴족들의 중세시대의 도시계획은 조금 달랐습니다. 중세 도시의 발전은 지리적 환경과 관련이 깊었는데요. 민족들 간의 이동과 전쟁이 많았던 시기였기에 중세 도시에서는 다른 어떠한 계획보다도 마을을 방어하기 위한 장치를 마련하는 것이 중요했습니다. 따라서 성벽을 세

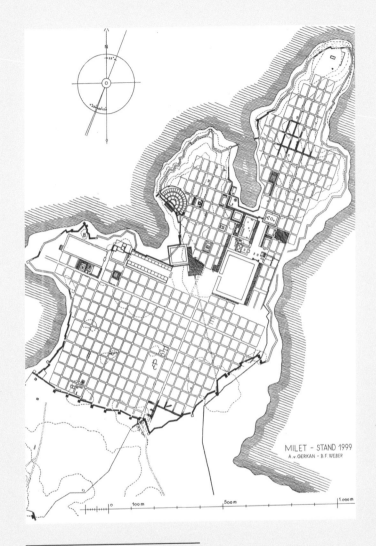

기원전 470년경 소아시아 서안의 이오니아에
위치한 그리스의 고대도시 밀레토스 계획도면
그림: https://www.ruhr-uni-bochum.de/milet/
in/stadt-plan/stadt-pl.jpg

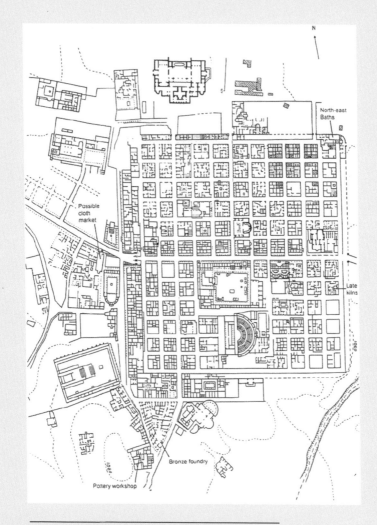

기원후 100년경 세워진 고대 로마 도시 팀가드,
현재 알제리의 바트나주에 있다.

그림: A. I. Wilson, 'Timgad and Textile Production'. In Mattingly D. J. &
Salmon J. (2002).
Economies Beyond Agriculture in the Classical World. Routledge.
Retrieved December 3 2023 from http://site.ebrary.com/id/10070637.

우는 것은 기본이었고 그 외에 다른 방어 메커니즘도 필요했습니다. 이때 활용된 것이 지형입니다. 그러니까 주로 언덕, 섬, 인근 강 등 접근이 어려운 지역에서 합류점이나 굴곡을 찾아 그 흐름을 적의 장애물로 활용하여 도시가 형성되는 경우가 많았던 것이죠.

따라서 중세 도시는 자연 환경을 활용하여 자신을 방어하기 위해 불규칙한 도시계획을 채택하게 되었으며, 이러한 도시계획은 좁고 구불구불한 거리와 함께 중세 도시의 상징이 되었습니다. 대부분의 경우, 도시는 거의 '직관적인' 방식으로 동심원 형태로 계획되었으며, 주요 도로는 중앙에서 시작하여 중요한 도시 시설로 향하며 중심의 작은 도로와 보조 도로와 교차하는 구조를 가지고 있었습니다.

중세 도시를 연구하는 건축 역사학자들은 "이걸 중세의 도시계획이라 부르면 될까요? Can we call it medieval urban planning?"라는 유머러스한 제목을 내걸고 학회를 연 적도 있는데요.[2] 중세 사람들이 만들어낸 좁고 구불구불한 거리의 도시는 오늘날의 관점에서는 '계획'이라 보기도 힘들고, 근현대 도시계획이 추구하는 효율성이나 합리성과는 거리가 멀었지만, 방어를 위해 추구한 도시의 불규칙성이 사실 그들의 계획 그 자체였다는 점을 짚고 있는 제목이라 할 수 있습니다.

르네상스 시대에 들어가 볼까요? 이 시대의 도시적 특징으로 일부 도시에서는 르네상스 시대 이전의 중세적 형태를 합리화하여 고전적 원칙과 대칭성을 강조한 계획이 펼쳐졌습니다. 중세시대에 중요했던 방어에 대한 중요성을 이어가면서도 중세와는 달랐던, 로마 제국의 합리적 도시계획의 원리를 과학적이자 미학적으로 복원하려는 시도였습니다. 르네상스 시대에서 중세가 중요시 했던 방어적 측면은 중심을 갖는 정다각형의 도시 형태와 방사형 도로, 그리고 성벽을 따라 육각, 팔각, 구각, 십이각 등 날카로운 결정 형태, 달리 표현하자면 별 형상의 도시 형태를 갖는 모습으로 드러났습니다.

거기에 기능과 실용성 또한 우선시하여 도시가 발전하면서 건축뿐만 아니라, 건축물 주변 외부 공간과의 관계 또한 중세시대에 비해 상대적으로 좀 더 조직적인 네트워크를 형성할 수 있게 되었습니다. 이와 같은 맥락에서 르네상스 시대의 도시 형태는 방어와 합리성이라는 유토피아적 아이디어를 도시를 통해 형상화하려 했습니다. 이것은 당시 발전한 투시도 기법을 바탕으로 하는, 개방된 중심 지역을 갖는 방사형 가로들로 이루어지는 다각형 및 별 형상의 도시 형태들에서 잘 나타난다고 요약할 수 있습니다.

다음으로 이러한 도시계획의 실례를 살펴볼까 하는데요. '스포르친다 Sforzinda' 혹은 '스포르친다 필라레테 Sforzinda Filarete'는 이탈리아의 르네상스 시대, 안토니오 디 피에트로

아벨리노약 1400년~1469년 라는 '아벨리노' 또는 '필라레테'로도 알려진 조각가이자 건축가에 의해 설계되었습니다. 스포르친다는 밀라노 공작인 프란체스코 스포르차의 이름을 딴 비전적인 이상도시로서, 도시들은 중심을 갖는 방사형의 팔각형 형태를 나타냅니다.

레이아웃은 하나의 큰 원 안에 두 개의 정사각형을 겹침으로써 만들어냅니다. 따라서 총 여덟 개의 꼭짓점과 열여섯 개의 면을 가진 별 모양으로 구성되어 있습니다. 모든 모퉁이는 동일한 거리를 가지도록 설계되었으며, 이는 도시 내에서 균형과 조화를 창출하려는 의도를 반영합니다.

열여섯 개의 주도로가 중앙광장에서부터 꼭짓점 부분에

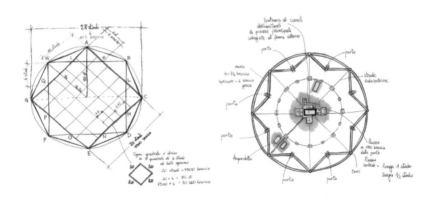

스포르친다 도시계획

그림: Palestini, C. (2017). Imagination and Images: From the Treatise to the Digital Representation. Sforzinda and the Bridges in the Inda Valley. *Proceedings of the International and Interdisciplinary Conference IMMAGINI*, MDPI. Retrieved from http://dx.doi.org/10.3390/proceedings1090893

위치한 총 여덟 개의 탑으로 뻗어나갑니다. 각 도로 중간에는 광장이 배치되며, 이중 여덟 개의 광장 중앙에는 교회가 있지요. 도시의 중심에는 광장이나 중요한 건물을 두어 이를 중심으로 방사형 도로와 건물들이 배열되게 함으로써, 군사적 방어와 미적인 조화를 동시에 고려한 르네상스 시대의 이상적인 도시계획을 잘 드러내는 부분이라 할 수 있습니다.

도시 외곽에 형성되는 뾰족한 여덟 개의 꼭짓점 부분은 화약의 영향이 큽니다. 중세시대에 존재했던 단순히 둥근 성벽 측면에는 발포가 가능하도록 성벽에 뾰족한 형태를 만들어 '요새 체계'를 구축함으로써 침략자들을 더욱 능동적으로 공격할 수 있도록 했습니다. 내부 꺾인 측면에는 게이트가 있는 것이 특징입니다. 모든 게이트는 각각 특정 상품을 판매하는 시장을 통과합니다. 그리고 궁극적으로 모든 길은 중앙의 큰 광장으로 수렴하게 됩니다.

가로는 성문에서부터 주광장의 자리로 정해진 중심부까지 뻗어 있으며, 거리가 넓어질수록 광장의 크기는 배가됩니다. 이 도시계획에 따르면, 도시 내에는 중요한 광장이 세 개 자리하게 되었습니다. 하나는 지배자의 거주지를 위한 것이고, 다른 하나는 대성당을 위한 것이며, 세 번째는 시장을 위한 것입니다. 계획안의 한가운데에는 전체 주변 지역을 한눈에 볼 수 있을 만한 높이의 탑이 위치합니다.

스포르친다 입지,
강을 낀 언덕에 둘러싸인 계곡에 자리한다.
그림: Filarete F, Finoli A. M. & Grassi L.
(1972). Trattato di Architettura. Il Polifilo.

공격에 대비한 방어적인 요소는 특히 중요했습니다. 도
시 중심에서 방사형으로 뻗어나가는 도로는 외부에서 적이
공격했을 때 방어를 용이하게 하는 것뿐만 아니라, 도시 내
부로 향하는 길과 도시 외부로 향하는 길을 연결하여 교통
에도 상시 용이한 구조를 제공했습니다.

르네상스 시대는 과학적이고 합리적입니다. 그러나 또
그런 측면만 있었던 것은 아닙니다. 완벽한 원형 안에서 구
성되는 스포르친다의 형태는 강한 상징성을 띠는데요. 필라
레테가 당시 흥미와 관심을 두었던 마법과 점성술과도 관련
이 있을 것이라 추정합니다.[3] 이는 15세기 유행했던 믿음과
도 일치하는 부분이지요. 그 중 하나가 기하학에 담긴 신비
주의입니다.

고대인들은 신성한 질서의 감각을 기하학적 도형의 완성과 연결하여 생각했던 경향이 있습니다. 이 경향이 르네상스 시대에도 유행하며 기하학이 일종의 신성한 질서에 귀를 기울이고, 더 높은 수준의 복잡성을 펼치며, 어떤 의미에서는 신성한 질서를 추구하는 신 또는 신들의 계획을 반영한다고 믿었습니다. 여기에 더해 점성술도 중요한 역할을 한 것으로 알려져 있는데요. 필라레테는 이 형태를 통해 스포르친다 내에서 우주의 조화와 조응하는 방법에 대한 지침을 제공합니다. 이러한 믿음은 실제로 세계 곳곳에서 유사한 형태로 형상화되어 전해집니다.[4]

스포르친다의 디자인과 르네상스 시대의 도시계획에 대한 관점을 고려해보면, 중세 도시들의 혼잡한 구조에 대한 대응으로 이해할 수 있습니다. 중세 도시들은 유기적이고 계획 없는 형태를 계획으로 삼아 성장한 경우가 많았기 때문에, 도시가 효율적으로 작동하고 성장해 나갈 수 있게 하기 위한 통제와 정비가 필요한 상황이었습니다. 이런 상황에서 스포르친다 필라레테와 같은 도시계획은 중세 도시들의 혼잡함을 피하고 통제된 구조를 가진 이상적인 도시 형태를 모색하는 시도로 이해할 수 있습니다.

인문주의적인 견해와 고대 텍스트에 대한 관심은 르네상스 시대의 도시계획에 기하학적 원칙을 적용하는 경향을 독려했습니다. 기원전 359년에서 351년 사이, 플라톤은 당시

이베리아 반도에서 있었던 국토 회복 운동 레콩키스타 전투에 사용된 깃발
중 하나에 그려진 신비로운 우주 질서의 형상,
종교적 신비로움만이 아니라 권력을 상징하기도 했다.

헨리 2세의 옷에 그려진 우주 질서의 형상, 1020년경 자수

사진: Cristina B. (2018). Wearing the Sacred: Images Space Identity in Liturgical
Vestments (13th to 16th Centuries) = Vistiendo Lo Sagrado. Imgenes Espacio E
Identidad de Las Vestiduras Litúrgicas (Siglos XIII Al XVI).
Espacio, Tiempo y Forma Serie VII Historia Del Arte (N. Época). 6. pp.169-196.

유행하던 대화 형식으로 쓴 작품인 〈티마이오스〉와 〈크리티아스〉에서 소크라테스, 제자 티마이오스, 그리고 크리티아스 사이의 철학적 대화를 통해 당시 사람들에게 이상적인 국가상을 제시하고자 했습니다. 이 논의에서 아틀란티스 섬에 관한 이야기를 전하는데요. 플라톤은 아틀란티스를 만든 반은 신이고 반은 인간인 존재들이 유토피아 문명을 창조하고 강력한 해군을 구축했다고 합니다. 플라톤은 아틀란티스의 정교한 운하와 수로를 묘사했습니다. 포세이돈 신전은 아틀란티스의 중심에 가장 중요한 위치를 차지했으며, 이를 중심으로 한 동심원의 섬들이 운하로 연결되어 있었다고 합니다.

이상적인 도시의 형태와 사회적 가치를 연결시킨 접근 방식은 중요한 영향을 미쳤을 것입니다. 또한 필라레테와 같은 르네상스 인문주의자들은 이상적인 도시계획을 통해 사회 구조와 조직을 반영하고자 했습니다. 도시의 완벽한 형태는 완벽한 사회를 향한 상징이 되어야 한다는 아이디어는 르네상스 시대의 인문주의적인 성향을 잘 대변하는 것으로 보입니다.

마지막으로, 중앙집권의 개념이 르네상스의 이상적인 도시계획에 투영되었음을 언급한 것도 매우 중요합니다. 플라톤은 아틀란티스를 말하며 군주의 중용Metriotes 혹은 절제 Sophrosyne 의 미덕을 중심으로 두 가지 이상적인 헌법 모델

대서양 한가운데
그려진 아틀란티스
섬, 아타나시우스
키르허, 1669년

아틀란티스
상상도,
작자미상

을 제안했습니다. 그는 중용과 절제 없이는 어떤 미덕도 정착하지 못하고, 이성적인 선택을 하며 그 선택을 유지하는 힘을 가질 수 없으며, 법 '노모스Nomos'를 규제할 수 없다고 보았습니다.

두 번째 모델은 민주정치로, 균형 잡힌 국가를 형성하고 시민들의 참여를 강조했습니다. 그러나 중요한 것은 어떤 헌법 모델을 선택하든 중용과 절제가 그 근간에 있어야 한다고 플라톤은 주장했습니다. 이것이 없으면 국가는 불안정하며 불공평하고 부패한 헌법으로 이어질 것이라고 봤습니다. 이와 같은 사상을 발전한 중앙집권에 이상적인 도시의 구조가 상호작용하면서 도시계획은 정치적·사회적·문화적 요소들을 반영하게 되었습니다. 이는 이상적인 도시가 실제의 사회적인 현실과의 긴장을 품고 있는 것을 보여줍니다.

이렇게 오늘날 우리가 살고 있는 익숙한 건축과 도시가 형성되기 시작한 르네상스 시대의 모습을 살펴보았습니다. "어떤 곳에 살고 싶은가?"는 고대에서부터 오늘날까지도 끊임없이 연구가 이루어지는 중요한 주제입니다. 다만 연구자들이나 도시 행정가들만의 관심사가 아니라 일상을 살아가는 모든 사람들의 관심사이기도 할 것입니다. 저는 언제든지 어렵지 않게 접근하여 즐길 수 있는 자연환경이 있으면서도 편리한 도시 인프라가 잘 조성되어 있는 곳. 안전하면서도 활기차고 경제적 측면에서도 여가적 측면에서도 개인에게 여유가 주어지는 곳. 그런 곳을 그리며 매일을 살아가고 있습니다. 이렇게 역사를 들여다보는 것은 자신이 원하는 삶을 좀 더 구체적으로 그려볼 수 있게 해주는 이점이 있지 않나 생각합니다. 이제 그럼 바로크 시대로 넘어가보겠습니다.

5장

바로크 시대의 건축과 예술

어릴 적부터 종교를 가지게 되었다는 분들을 종종 만납니다. 저도 그 중 한 사람이고요. 꼬맹이 시절부터 저는 천주교 신자로 자랐습니다. 성당에서는 어른들을 위한 미사는 일요일에 열리지만, 어린이와 청소년을 위한 주일학교와 미사는 토요일에 열리는데요. 또래 성당 친구들이 그랬던 것처럼 저도 토요일 오후에 열리는 주일학교를 다녔으며, 미사를 참석했고 신부님 수녀님들과도 친하게 지냈습니다. 성당 친구들은 학교나 학원 친구들에 비해 뭔지 모르게 좀 더 자유롭고 밝은 느낌이었습니다. 토요일 주일학교에 가서 성당 친구들과 어울리는 시간을 기다렸습니다. 그 시간을 좋아했어요.

이러한 경험을 바탕으로 대학에서 역사를 공부하면서 16세기에 루터와 칼뱅을 포함한 개혁주의 지도자들이 시작한 종교개혁이나, 이를 반대했던 로마 가톨릭 내부에서 일어난 반종교개혁에 좀 더 관심을 갖고 들여다보게 되었습니다. 이후 영국에서 공부하는 동안 스코틀랜드에서 북아일랜드로 이사를 가게 되었는데, 그곳에서 가톨릭 교회와 지역마다 존재하는 다양한 개신교 분파들, 종교 및 정치사와 관련하여 북아일랜드에 오늘날까지 잔재하는 분쟁의 상흔을 보았습니다. 역사가 멀리 떨어진 것이 아니라, 눈감고 떠올리면 생생하게 느껴지는 나만의 에피소드처럼 누군가의 피부에 닿아 있는, 여전히 살아 숨 쉬는 이야기라는 것을 깨닫는 계기가 되었어요. 당신도 종교와 관련한 개인적인 기억을 꺼내보시면 어떨까요. 이 시대와 시절을 바라보며 조금 더 생기 있고 가깝게 역사를 느낄 수 있지 않을까 생각합니다.

종교개혁과
바로크 시대

　지금부터 16~17세기를 살펴보겠습니다. 이 시기의 사회는 종교와 절대왕권이라는 커다란 축으로 움직였습니다. 16세기 유럽에서는 로마 가톨릭 교회에 대한 반발과 개혁의 움직임을 나타내는 종교개혁Protestant Reformation이라는 역사적 사건이 일어납니다. 1517년, 독일의 마르틴 루터는 로마 가톨릭 교회의 몇 가지 문제에 대해 비판하고, 95개조 반박문을 제출했습니다. 그의 주장 중 하나는 면죄부 판매입니다. 교회가 죄를 용서해주는 대신 돈을 내면 죄를 사면해주었던 것을 비판했습니다. 또한 종교개혁은 개인의 신앙과 성서의 중요성을 강조했습니다.

　루터와 다른 개혁주의 지도자들은 성서를 통해 개인이 신앙을 찾을 수 있다고 믿었습니다. 로마 가톨릭 교회의 중재나 사도 교리에 의존하지 않는다는 의미였습니다. 종교개혁은 기독교 세계에 혁명적인 영향을 미치면서, 프로테스턴트 교회가 탄생하고 로마 가톨릭 교회와의 분리가 일어났습니다. 루터와 그의 추종자들은 루터교를 창설하였고, 이후에는 다른 개혁주의 공동체들도 등장합니다. 이들은 로마 가톨릭 교회와 달리 교회의 권위를 강조하지 않았으며, 교리와 신앙생활을 다르게 해석하고 실천했습니다. 프로테스탄트 교회 내에서도 다양한 교파와 교리가 형성되었습니다. 이러한 다양성은 칼뱅주의Calvinism[1], 알미니안주의Arminianism[2] 등 여러 갈래의 개혁주의를 포함합니다.

한편 로마 가톨릭 교회는 프로테스탄트의 종교개혁에 대응하는 반종교개혁Counter-Reformation이 일어났습니다. 이는 16세기 중반부터 17세기로 이어진 로마 가톨릭 교회의 종교적이고 정책적인 변화를 통해 단결과 교리의 확립을 추구하였습니다. 반종교개혁은 종교개혁에 자극을 받은 로마 가톨릭 교회가 교회 내부 개혁을 시도한 중요한 움직임입니다. 트렌트 공의회Council of Trent, 1545~1563는 반종교개혁의 핵심적인 사건 중 하나로, 로마 가톨릭 교회의 교리와 실천 방침을 재정립하고 개혁하는 것을 목표로 열렸습니다. 이 회의에서는 프로테스탄트 개혁주의에 대항하여 로마 가톨릭 교회의 정교한 교리와 전통을 강조했으며, 성경 해석, 신앙에서의 복음과 예수 그리스도의 중요성을 강조했습니다.

바로크 건축은 이러한 시대적 배경에서 일어납니다. 바로크 건축은 주로 로마 가톨릭 교회에서 많이 사용되었습니다. 프로테스탄트 교회가 탄생하고 로마 가톨릭 교회와의 분리가 일어나는 변화의 시기에, 로마 가톨릭 교회는 새로운 종교적 환경에 대응하기 위해 건축을 활용하였습니다. 반종교개혁 이전에도 고딕 양식의 교회가 있었지만, 로마 가톨릭 교회는 더욱 웅장하고 화려한 교회 건축물을 선보입니다. 교회 내부는 복잡한 장식과 크고 화려한 대리석 조각상 등으로 가득 찼으며, 교회 건물 자체가 종교 경험을 강조합니다.

바로크 예술과 건축은 가톨릭 신앙의 귀결성을 강조하고 신자들을 감동시키는 역할을 했습니다. 바로크 양식은 르네상스 시대를 이어서 발전한 예술 및 건축 양식으로 르네상스와 대조되는 양식으로 발전하였으며, 극도의 화려함, 과장된 표현, 입체적인 공간 구성 등이 특징입니다. 무엇이든 크고 화려하며 과장된 형태로 만드는 극대주의 경향은 이 시대의 건축 공간을 더욱 드러나게 하고, 인상적인 외관과 내부를 통해 종교의 힘과 권위를 나타냅니다.

바로크 예술과 건축은 신비주의적이고 감정적인 경험 또한 중시합니다. 이것은 신앙체험을 강조하는 데 큰 역할을 했습니다. 건축물 내부의 화려한 장식과 조명은 신성한 분위기를 조성하고 종교의식을 더욱 감동적으로 만들었습니다. 이러한 방식으로 바로크 건축은 로마 가톨릭 교회의 활동과 함께 세계적으로 확장될 수 있었습니다. 특히 이 시대 등장하게 된 절대왕권과 함께 발전한 궁전 건축은 종교와 함께 국가의 권력을 강조하며 교리적·정치적 메시지를 전달하는 데 활용되었습니다.

르네상스를 이상적인 시대로 바라보았던 이들에게 바로크는 르네상스가 의미했던 것들에 반대되는 이미지를 가지고 있었습니다. 바로크라는 용어는 19세기 야콥 부르크하르트Jacob Burckhardt, 1858~1893 가 비평용어로 처음 사용합니다.[3]

초기에는 바로크를 당시 고전주의적인 예술 이론과 대조되는 혼란스럽고 무절제한 예술 현상을 경멸하는 용어로 비판적인 의미입니다. 고딕이라는 단어가 '야만적이라거나 우아하지 못한 것'을 뜻했던 것처럼 말이에요. 실제로 바로크 예술은 당시의 예술적 기준과 규칙에서 벗어나 고전주의적인 예술 이론에 의해 이해되기 어려웠던 면이 있었습니다.

르네상스 시대의 건축은 규칙적인 기하학적 형태와 대칭성을 고전주의와 인간 중심의 디자인이라는 원칙 아래 정적이고 조화로운 분위기를 강조한 반면, 바로크는 화려하고 풍부한 장식을 통해 감정과 욕망을 표현하며 곡선과 동적인 형태를 강조합니다. 비대칭적이고 역동적인 구성을 사용했지요. 바로크의 개념은 초기에는 퇴폐적이거나 이상하고 변칙적인 장식을 의미했으며, 이런 개념은 건축에서 뒤틀린 기둥이나 소용돌이 장식과 같은 과장되고 불규칙적인 형태를 나타내는 데 사용됩니다. 이후 바로크는 예술에 영향을 미치는 개념으로 확장되어 예술과 문학에도 적용됩니다.

그러나 관점은 시간이 흘러가며 변화하는 시대와 함께 바뀌는 것 같습니다. 바로크에 대한 이해도 변화하였는데요. 이전에 바로크는 부정적인 연상의 용어로 사용되었으나 후에 긍정적인 평가로 바뀌게 된 것이지요. 19세기에는 이러한 바로크 예술의 특징들을 새로운 시각과 평가로 풍요로움, 동적인 형태, 감정의 표현 등을 강조하는 독특한 양식임을 인정하게 되면서, 이 용어는 이러한 특징을 포함한 예술 현상을 특정하기 위한 편리한 표현으로 자리 잡게 되었습니다.

바로크 예술은 새로운 해석과 가치평가를 받게 됩니다. 뵐플린[4]과 리글[5] 같은 학자들은 큰 역할을 합니다. 이들은 여러 개념과 범주를 통해 바로크를 폭넓게 이해하려 하였고, 17세기 예술의 고전주의적인 성격을 배제하고 바로크만의 특징을 강조하는 방향으로 이루어집니다. 바로크 개념은 당대 예술의 변화와 특징들을 다시 해석하고 가치를 재평가하는 데에 중요한 역할을 합니다. 단순한 일방적인 고찰보다는 더 복합적이고 다양한 영향과 변화를 고려하여야 이해되어야 함을 보여줍니다. 그리하여 역사적인 이해와 논의는 예술사와 문화 이론의 발전에 따라 지속적으로 변화합니다.

보로미니의 건축으로 바라본
이탈리아 바로크 건축

바로크 건축은 과장된 느낌을 표현합니다. 남용에 가까운 지나친 기교, 선명하고 강렬한 색감, 복잡한 미묘한 조명, 복잡하게 풍부한 장식으로 화려하죠. 과장된 운동, 흥분, 열정 등을 강조하는데, 건축적으로는 파형의 벽면과 복잡한 볼륨감이 특징인 실내 공간에서 느껴지는 움직임과 활기로 표현됩니다. 바로크 건축의 대표적인 사례로 프란체스코 보로미니의 건축을 살펴보겠습니다.

프란체스코 보로미니 Franscesco Borromini, 1599~1667 는 이탈리아 바로크 예술의 중요한 인물 중 하나로 꼽히며, 교황청과 관련된 다수의 건물과 조각 작품을 디자인한 17세기 바로크 시대를 대표하는 건축가입니다. 보로미니는 1599년에 스위스 티치노 Ticino 의 작은 마을 비쏘네 Bissone 에서 태어났으며, 본명은 프란체스코 카스텔리 Francesco Castelli 입니다. 석공인 아버지의 영향으로 그는 어려서부터 석공 일을 시작했습니다. 이후 밀라노로 이동하여 석공 기술을 공부했으며,

이탈리아 로마의 산 카를로
알레 콰트로 폰타네 성당

1519년에 로마로 이주합니다. 그곳에서 그는 자신의 이름을
프란체스코 카스텔리에서 프란체스코 보로미니로 바꾸었습
니다. 자신의 먼 친척이자 바로크 건축의 거장인 카를로 마
데르노Carlo Maderno에게 건축을 배우며, 바티칸의 성 베드
로 대성당Basilica di San Pietro in Vaticano 작업에 참여하며 경력
을 쌓습니다.

보로미니가 독립하여 처음 맡게 된 프로젝트는 재건축
작업입니다. 1634년부터 1637년까지 진행한 이 프로젝트는
이탈리아 로마에 위치한 '산 카를로 알레 콰트로 폰타네 성

당'San Carlo alle Quattro Fontane'의 내부 공간과 인접한 건물들을 새로 짓는 일이었죠. 이 성당의 규모는 작았지만 로마 바로크 양식의 대표적인 걸작으로 꼽힙니다. 곡선적인 형태와 독특한 공간 배치로 이후 '보로미니 양식'으로 알려지게 되는 보로미니의 건축 스타일과 특징을 잘 대변합니다. 보로미니는 기존의 원 형태나 직선적인 디자인을 피하고 타원 형태를 활용하여 건물을 설계했습니다. 파동적인 디자인과 타원 형태는 성당의 파사드와 내부 구조에서 잘 드러납니다.

성당의 외관은 구불구불한 돌림띠를 따라 파사드 전체의 운동감을 드러냅니다. 여기에 벽을 입체감이 돋보이게 조각하여 활기찬 공간을 형성합니다. 이는 보로미니의 건축 작품에서 자주 볼 수 있는 특징이기도 한데요. 입구 상단의 조각상 좌우에서 가운데 부분으로 모이는 날개가 시선을 상부로 끌어올리면서 건물 2층 최상부까지 이어집니다. 이와 같이 시선의 움직임을 유도하는 디자인은 건축물의 파사드나 공간의 감각을 형성하는 데 중요한 역할을 합니다. 마치 건물이 끊임없이 위로 향하고 있는 것처럼, 디자인의 모티브는 건축물이 정적인 것뿐만 아니라 동적이며 활기찬 느낌을 줄 수 있기 때문입니다. 이러한 모티브들이 건물의 최상부까지 이어지면서 공간을 더욱 확장하고 높이감을 느낄 수 있도록 하는 역할을 합니다. 건축물을 보는 사람에게 움직

산 카를로 알레 콰트로 폰타네 성당 파사드 하부

산 카를로 알레 콰트로 폰타네 성당 큐폴라

임의 에너지를 느끼게 하며, 주변 환경과의 상호작용을 강조하는 역동성이 있습니다.

건축물의 정면은 돌출과 후퇴, 그리고 빛과 어둠에 의해 만들어지는 명암과 조각의 효과로 복잡한 공간을 표현합니다. 이러한 특징들은 동시대의 네덜란드 화가 렘브란트가 작품에서 사용한 명암법과 유사한 느낌입니다. 렘브란트는 네덜란드 화가 중에서도 특별히 두각을 나타낸 예술가로, 그의 작품은 바로크 예술의 거장 중 하나로 꼽히며 특히 명암 표현의 마스터로 널리 알려져 있습니다. 그의 뛰어난 기술과 예술적 업적은 국제적으로 인정받고 있으며, 그의 작품은 오늘날까지도 예술의 아름다움과 깊은 내면을 탐구하는 데 영감을 주고 있지요.

렘브란트는 빛과 어둠의 대비를 탁월하게 다룬 것으로 유명합니다. 보로미니의 건축 공간이 발산하는 동적 정서와 공간의 입체감 측면에서 렘브란트의 작품과 비교되기도 합니다. 보로미니는 "남을 따르는 사람은 결코 남보다 앞서지 못합니다. 나는 단지 카피이스트Copyist 가 되기 위해 건축가가 된 것이 아닙니다."[6] 라고 말 할 정도로, 자신이 하는 건축작업에 자부심을 갖고 창조성을 중요시했습니다. 그가 만들어낸 변화는 이전에는 볼 수 없었던 새로운 것이었습니다.

보로미니가 설계한 로마 대학의 성당 산티보 알라 사피엔차

로마 대학의 성당 산티보 알라 사피엔차
사진: Paris Orlando(CC BY-SA 4.0)

1642-1662 는 역시 보로미니가 설계한 최초의 작품 중 하나로
서 산 카를로 알레 콰트로에 앞서, 산 카를로의 외벽을 특징
짓는 운동감과 유사한 맥락의 공간 감각과 분위기를 연출하
고 있습니다.

 보로미니의 계획안에는 수학적 원리를 바탕으로 한 디자
인 원칙이 있습니다. 산 카를로 알레 콰트로의 평면에서 보
로미니는 육각형 별 모양을 주요 모티브로 사용하여 건축물
의 디자인을 구성했습니다. 이 별 모티브는 여섯 개의 점으
로 구성된 이상적인 육각형을 중심으로 형성됩니다.

별은 고대 이집트인들에게서부터 이미 중요한 상징입니다. 시간을 나타내는 상형문자였죠.[7] 이슬람교에서 별 문양은 대칭성을 갖춘 형태로 수많은 이슬람 기하학 패턴 중에서도 특별히 더욱 신성하고 아름답다고 여겨집니다.[8] 기독교에 와서는 베들레헴의 별을 상징합니다.[9]

별 형상의 다면체는 이탈리아의 초기 바로크 건축이 시작된 이후 성스러운 장식품으로 인기를 얻었습니다. 언덕 위의 별 상징은 여러 교황의 문장에서도 나타나며 건물 외관의 강조된 부분에 조각 장식이 되었습니다. 이 상징과 때로는 십자가가 있는 별도 교회의 정면이나 돔 꼭대기에도 별 형상이 3차원 물체로 등장하곤 했습니다.

1990년대에 한국에서 애니메이션 팬들 사이에서 큰 인기를 끈 작품 〈슈퍼 그랑죠〉의 마법진이 떠오르는 것이 보로미니의 별 형상의 여섯 점입니다. 기독교적 배경, 더 구체적으로 천지창조의 성경적 주제에 뿌리를 둔 상징. 다시 말해 여섯 날 동안 일어난 창조 주제에서 비롯된[10] 이들 점을 디자인의 주요 좌표로 활용하여, 보로미니는 여섯 개의 벽면을 기반으로 건축물의 주요 공간들을 배치하고 연결하였습니다. 이 모티브는 건물 내부와 외부를 조화롭게 이어주는 역할을 하며, 건축물의 미적인 효과를 강화하는 데 샛별 역할을 합니다.

수학적 원리와 디자인 원칙을 통해 보로미니를 봅니다.

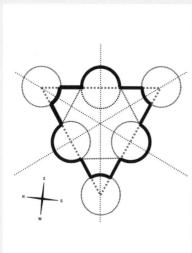

이탈리아 로마의 산티보
알라 사피엔차 큐폴라 형상

산티보 알라 사피엔차
최상부 돔

보로미니는 건축물의 형태와 구조를 조화롭게 조합하여 황금빛 돔 덮개를 향해 올라가는 과정을 시각적으로 강조하면서, 건축물 내부와 외부 공간을 통합적으로 디자인했습니다. 이러한 디자인적 접근은 산티보 알라 사피엔차를 통해, 수학적 원리와 예술적 감각이 조화롭게 결합되어 건축물의 아름다움과 의미를 더욱 극대화한 것으로 평가됩니다. 이런 특징은 건축물의 시각적인 미적 가치뿐만 아니라 건축물과 관람자 사이의 감정적인 연결을 형성하는 데에도 중요한 역할을 합니다. 건축물의 디자인이 공간의 감각을 형성하고 활기와 운동감을 느끼게 하여 더 풍부한 관람 경험을 제공하는 데 기여합니다.

또 하나의 특징은 성당 최상부의 돔입니다. 당시의 돔은 원형이나 타원형이었지만, 보로미니는 돔을 스파이럴 형태로 건물 전체 디자인의 율동성과 패턴을 정탑까지 올립니다. 보로미니의 창의성은 이후 나타날 건축에 큰 영향을 미쳤습니다. 그의 아이디어와 감성은 후대로 이어지는데, 구체적인 예시로 러시아의 구성주의 화가 타틀린의 작품1920을 들 수 있습니다.[11] 타틀린의 타워는 나선을 그리며 위로 올라가는 거대한 구조로 설계되었으며, 이는 새로운 사회의 진보와 역동성을 상징합니다. 창조와 새로움을 향한 동일한 감성을 근대의 재료로 달리 표현합니다.

보로미니는 상대적으로 작은 규모의 프로젝트에 집중하

타틀린의 타워,
1920년, 모스크바

고 단순한 장식을 피하면서 복잡한 기하학적 패턴과 선으로 건물을 설계했습니다. 로마 가톨릭 교회와 부유한 후원자들과의 연결로 광범위한 커미션을 받으면서, 화려한 장식과 대규모 건물로 로마에 여러 건축물을 남긴 라이벌 건축가 베르니니와는 비교됩니다. 그의 작품은 때로는 현대 건축의 선례로 여겨질 만큼 혁신적입니다. 그러나 개성이 강한 성격과 고집 때문에 주목을 받기보다는 골칫거리로 여겨집니다.

그는 자신의 일을 좋아했지만 사람들의 시선과 사회적 입지로 스트레스를 받아 우울증에 시달리다가 결국 자살하게 됩니다. 안타까운 개인사죠. 스트레스가 현대인에게 에너지원이 될 수 있으나, 혹독한 독이 되니 스스로 해독하면서 살아야겠습니다. 그럼에도 불구하고 후대 평가는 보로미니의 건축물은 과감한 기하학적 형태, 현실적이지 않은 공간을 통해 독특한 아름다움을 제공합니다. 그의 작품은 오늘날에도 예술가들에게 영향을 주었으며, 그가 다루었던 감성과 디자인 원칙은 다양한 예술 분야에서 추앙받는 영감이 되고 있습니다.

남부 독일 바로크 건축의 특징

유럽 북부에 위치한 국가들을 살펴보겠습니다. 독일과 보헤미아를 포함한 오스트리아 지역에서는 이탈리아 바로크의 공간 개념이 확산되었습니다. 그중 독일은 건축에서 뛰어났는데, 후기 고딕, 후기 르네상스, 후기 바로크 등의 각 시대의 후기로 갈수록 이러한 특징이 두드러집니다. 특히 남부 독일 프랑코니아 지역에서는 매우 훌륭한 건축 작품들이 다수 발견됩니다. 이탈리아 건축가 보로미니의 영향력이 후기 바로크 시대를 지나서도 계속되면서, 보로미니의 영향에 더해 프랑스의 영향도 함께 받았습니다. 한편 18세기의 남부 독일 후기 바로크에서는 독자적이고 새로운 표현들이 나타납니다. 15세기와 16세기, 오늘날 바이에른 북부와 그 인접 지역에 해당하는 프랑코니아 지역에서는, 이미 알브레히트 뒤러Albrecht Düre, 이탈리아 르네상스 미술을 경험한 선구적인 독일 미술가 혹은 바이트 슈토스Veit Stoss, 독일 후기 고딕양식을 대표하는 조각가 같은 인물들이 뛰어난 예술적 역량을 보입니다.

프랑코니아 지역은 루터가 시작한 종교개혁이 확산한 지역입니다. 이 지역 여러 도시들 가운데 뉘른베르크는 루터 성경이 인쇄된 곳이기도 합니다. 1525년에는 대규모 농민전쟁이 있었습니다. 농민전쟁은 종교개혁과 사회적 불평 등 여러 요인이 결합하여 중세 독일의 사회적 혼란과 폭력적인 민중 반란으로 이어집니다. 독일 내의 여러 지역에서 동시에 일어났으며, 주로 농민과 도시 근로자 들이 노예 노동과 중세의 경제적 압제에 대한 불만을 표출하였습니다.

농민들은 기독교 개혁자 루터의 가르침에 영감을 받아 '최종 목적은 신앙적인 자유'라는 이념을 내세우며 반란을 주도합니다. 그러나 이 반란은 곧 폭력적인 충돌로 번져갔고, 루터와 개혁주의 지도자들은 반란을 규탄하면서 농민들을 진압하도록 권고했습니다. 반란은 결국 독일 귀족들에 의해 진압되었고 실패로 끝났습니다. 이 과정에서 대다수의 다른 프랑코니아 제국 도시와 제국 기사들은 새로운 신앙고백을 받아들이기도 했습니다.

반종교개혁 과정에서 프랑코니아의 여러 지역이 가톨릭으로 돌아갔고 마녀 재판도 증가했습니다. 실제로 1626년부터 1631년 사이에 일어난 뷔르츠부르크 마녀 재판은, 그 시기에 발생한 가장 대규모의 마녀 재판 중 하나로 기록되어 있습니다. 재판에서는 뷔르츠부르크 지역에서 약 600~900명의 마녀로 추정되는 사람들이 화형대에 처해졌습니다. 이

재판은 필립 아돌프Philip Adolf 주교가 진행했습니다. 그러나 1631년에 스웨덴 왕 구스타프 아돌프가 이 지역을 침입하여 마녀 사냥을 종식시켰지요. 농민전쟁으로 인해 뷔르츠부르크 지역의 성당과 수도원이 피해를 입었으며, 독일 내 많은 도시와 지역에서 피해가 발생했습니다. 이러한 사건은 독일의 역사와 종교개혁 운동의 중요한 부분 중 하나로 기억되며, 사회적 불평과 종교적 변화가 어떻게 복합적으로 작용할 수 있는지 보여주는 사례입니다.

프랑코니아 지역은 영토 국가로 발전하지는 못합니다. 18세기까지 작은 국가와 지배자들의 다양한 지배로 이 지역에 있었던 국가들은 각각 자체적인 국가로 존재했습니다. 그럼에도 프랑코니아의 뷔츠부르크에는 특별히 주목할 만한 건축물들이 많은데, 쉰뵈른 백작 가문이 큰 역할을 합니다. 쉰뵈른 가문은 17세기와 18세기에 특히 독일 로마 가톨릭 교회와 백작들 사이의 관계에서 중요한 역할을 수행했는데요. 가문의 일원들은 주교, 대주교 등 교회 주요 관직을 맡았습니다.

쉰뵈른 가문은 뷔르츠부르크 공관을 건설하고 지속적으로 관리하면서 독일 바이에른 지역의 건축과 문화에 기여한 것으로 유명합니다. 노이만Johann Balthasar Neumann, 1687~1753이 설계를 맡은 이 건물은 18세기 초기에 공사를 시작해 외부 공사는 1744년까지 진행되었으며, 내부 공사는 1780년

뷔르츠부르크 공관

까지 계속되었습니다. 뷔츠부르크 공관은 프랑스 샤토 건축,
비엔나 바로크, 북부 이탈리아의 종교 건축 등을 종합하여
만들어졌습니다. 바이에른에서 아름다운 성 중 예술과 건축
이 명작 중의 명작입니다.

　프랑코니아 지역 건축을 살펴보겠습니다. 이탈리아와 독
일 남부의 건축적 영향과 상호작용은 흥미로운 몇 가지 특
징들이 드러납니다. 노이만이 설계한 또 다른 건축물인데요.
피어젠하일리겐Vierzehnheiligen 으로 알려진 성 순례자 교회
를 보겠습니다. 피어젠하일리겐의 파사드를 보면, 파사드 양
측면에 두 개의 타워가 솟아 있는 것이 보입니다. 이러한 건
축 형태는 이탈리아 북쪽 유럽 지역에서 주로 나타나는 특
징인데요. 이탈리아에서는 흔하지 않습니다. 지역의 건축 스

타일을 반영한 것으로 볼 수 있지요.

이탈리아 바로크 건축의 영향도 엿보입니다. 보로미니의 건축에서 보았듯 파사드의 굴곡에서 입체감이 느껴집니다. 구불구불해보이는 파동 벽면이 주는 운동감은 건물의 외관을 활기차게 만들어주며 건축 형태를 더욱 흥미롭게 만들어줍니다. 큰 창문들도 눈에 들어옵니다. 북부 유럽 지역의 대저택과 프랑스 봉건시대의 성곽이나 요새, 혹은 장원 영주의 대저택을 일컫는 샤토Château의 영향을 받은 것으로 해석할 수 있는데요. 성당이지만 세속적 건축의 영향을 받은 것으로 볼 수 있지요. 이탈리아와 북부 유럽의 문화 교류와 상호 영향을 잘 보여줍니다.

피어젠하일리겐 내부 공간의 경우, 이탈리아 바로크 건축과 비교하여 약간의 차이를 보입니다. 내부 공간은 화려하지만 이탈리아 바로크 건축과 비교할 때 상대적으로 가벼

위 엄중한 분위기보다는 좀 더 밝고 간소한 느낌이 돋보입니다. 조형적으로는 강렬하다기보다 비교적 단순하게 처리하여 조화로운 디자인을 추구했음을 알 수 있습니다. 이탈리아의 바로크 양식이 다른 지역으로 전해지면서 좀 더 무게 있게 바뀌었다는 것을 의미합니다.

피어젠하일리겐 내부 위를 바라보면, 평면의 각 부분이 높이로도 연결되어 구획되면서도 포괄되는 인상을 받을 수 있습니다. 잘 들여다보면, 서로 다른 요소들을 연결하고 관계를 설정하여 비틀린 면과 제삼의 각도를 가진 곡선들이 연결하여 이어가고 있습니다. 이러한 곡선들은 삼차원적으로 발전하여 복잡한 형태를 이루게 되며, 이를 통해 내부 공간에 동적인 움직임과 조화로운 연결성이 부여된 것입니다. 이와 같은 곡선들은 적분積分, Integral 을 통해 계산이 가능하였기 때문에 구체적인 형태로 구현할 수 있었습니다.

이탈리아 바로크 건축들과 비교하여 피어젠하일리겐은 밝은 내부 공간이 특징입니다. 이 건축물은 큰 창문을 통해 사방으로 빛이 들어오도록 계획되었는데, 흰색의 평활한 유리가 활용되었습니다. 내부 공간의 밝은 조명은 그 당시 교회 건축에서는 흔하지 않았던 특징입니다. 평범한 유리를 통해 이와 같은 밝은 내부 공간을 실현할 수 있었습니다.

독일 바이에른의
피어겐하일리겐 파사드

피어겐하일리겐 내부

귀족과 왕가를 위한
대저택의 등장

바로크 시대 건축의 또 다른 특징입니다. 귀족과 왕가를 위한 '대저택'이 등장합니다. 이들은 '개인을 위한 집이 이토록 거대할 수 있는가'의 건축윤리적 질문이 생기는데, 사실 이러한 질문은 이미 르네상스 시대부터 조금씩 등장하기 시작했습니다.

건축윤리는 단지 공간의 규모에 한정되는 것은 아닙니다. 대부분의 건축적 결정은 많은 사람들의 삶에 영향을 미치며, 그러한 결정은 윤리적 가치 중에서 선택된 것입니다.[12]

예를 들어 이런 질문을 던질 수 있습니다. 건축가는 공공 공간으로 연결되는 집을 건설해야 할까요, 아니면 그런 개방성을 줄이고 감추어 가족생활의 접근성을 높여야 할까요? 건축가는 주거공간에서 사생활을 중시해야 할까요, 아니면 대형 거실과 식당을 통해 가족의 집단적인 삶을 선호해야 할까요? 교회, 학교 및 병원과 같은 건물의 형태와 색

샤토 드 보-르-비콩트

상은 기쁨의 감정을 일으켜야 할까요, 아니면 고요하고 심오한 명상의 이미지를 떠올리게 해야 할까요? 도서관은 학문적 연구에만 전념하는 엄숙한 사원으로 여겨져야 할까요, 아니면 서로 다른 교육 배경의 모든 사람들을 격려하기 위해 가능한 한 대중적으로 매력 있게 디자인되어야 할까요? 가치 판단을 요청하는 이 모든 질문이 건축윤리의 범주에 들어갑니다.

르네상스와 바로크 건축가들에 의해 광범히 사용되었던 기술로 그림으로 착시를 만드는 트롱프뢰유Trompe-l'oeil 기법과 과도한 장식도 윤리적 논의 대상입니다. 트롱프뢰유는

의도적으로 사람들을 속인다는 이유로 비난 받았습니다.[13]

심지어 건축적 장식도 필요를 넘어선 것으로 여겨지면서 거짓되고 우스꽝스럽다는 비난을 피해갈 수 없었지요.[14] 그러나 이 모든 비난들은 미학적 원칙뿐만 아니라 윤리적 원칙에서 나온 것입니다.

사용자의 삶과 관련된 가치에 영향을 미치므로 어떤 결정이 적절한지를 결정하는 것은 명백히 윤리 문제입니다. 그리고 인간의 삶 속에서 건축이 계속되는 한, 건축은 지속적으로 새로운 윤리 문제를 제기할 것입니다. 바로크 시대에 들어 등장하는 거대한 규모의 대저택에서 새로운 시대가 도래함을 느낍니다.

대저택 샤토 드 보-르-비콩트Château de Vaux-le-Vicomte를 볼까요. 17세기 중엽에 프랑스 파리고등법원 검찰총장에서 재무총관까지 역임했던 권력가이자 재력가 푸케 Nicolas Fouquet, 1615~1680를 위해 건축가 루이 르보Louis Le Vau, 1612~1670가 설계한 대저택입니다. 이 건물은 프랑스 바로크 양식의 대표적인 건축물 중 하나로, 대저택 건축의 개방적 양식을 논리적으로 발전시켜 나타내는 최초의 사례로 간주됩니다. 샤토 드 보-르-비콩트는 프랑스 근대 건축의 중요한 이정표입니다. 루이 14세의 베르사유 궁 건설에 큰 영감?을 주는 역할을 하였습니다. 물음표가 들어가는 이유는 바로 이 저택과 관련한 비하인드 스토리 때문입니다.

샤토 드 보-르-비콩트 동판화, 17세기

샤토 드 보-르-비콩트 정원

푸케는 1615년에 파리에서 태어나 20살 때부터 파리 고등법원 심리부 판사로 일하기 시작하였으며, 35살에는 고등법원 검찰총장으로 승진하였습니다. 그는 30년 전쟁 시기의 경제적 혼란을 경험하면서, 루이 14세의 모후母后 안 도트리슈Anne d'Autriche, 1601~1666 에게 충성을 다하며 권력을 얻었습니다. 또한 1653년에는 재무총관으로 임명되어 국가 재정을 관리하는 역할을 수행했습니다. 그러나 그는 겉으로는 힘들고 가난한 척하면서 실제로는 국가자금을 사용하여 개인적 이익을 얻었습니다. 그의 부정행위가 드러나면서 결국 몰락하게 됩니다. 전성기 시절 푸케는 샤토 드 보-르-비콩트의 지주로서 벨일Belle-Isle 섬의 토지를 구입하고 요새로 만들었습니다.

푸케는 샤토 드 보-르-비콩트를 건설하기 위해 건축가 루이 르보, 화가 샤를 르 브랭Charles Le Brun, 1619~1690, 정원사 앙드레 르 노트르André Le Notre, 1613~1700 를 고용하였으며, 이 작업에 상당한 자금을 투자한 것으로 알려져 있습니다. 푸케의 자금 출처를 알고 그에 대해 비판적이었던 사람들은, 푸케가 브르타뉴를 점령하여 지배하려는 계획을 가지고 있다고 왕에게 고발하기도 했습니다. 실제로 푸케는 해적선인 사략선을 운영하며 네덜란드 상선을 나포하고 약탈하는 활동을 펼쳤습니다. 그는 정부나 다른 권위자들의 반대나 공격에도 불구하고 이 활동을 계속했습니다. 이로 인해 그의 재산과 화려한 생활에 대한 비판이 높아졌습니다.

푸케는 루이 14세를 샤토 드 보-르-비콩트에 초대합니다. 1661년 8월 17일, 이날, 왕과 왕실 일행은 퐁텐블로 성을 출발하여 저녁 6시쯤에 푸케 부부의 안내를 받으면서, 화가 르 브랭이 화려하게 꾸민 건물 안을 둘러보았습니다. 르 브랭은 다람쥐와 태양 등을 배치하여 푸케의 좌우명인 "내가 오르지 못할 곳이 어디인가?Usque Non Ascendam"를 표현했다고 합니다. 그러나 루이 14세는 푸케를 인정하지 않습니다. 이후 루이 14세는 1662년부터 '누구와도 비교할 수 없는', '모든 것 위에 있는', '나는 온 세상을 충족시키기 적합하다' 등 여러 의미를 가진 좌우명인 'Nec Pluribus Impar'를 채택한 것으로 알려져 있습니다.

결국 샤토 드 보-르-비콩트 건축 프로젝트는 루이 14세의 분노를 자아냈습니다. 너무나 웅장하고 아름다웠기에 루이14세는 그의 경쟁상대가 존재하는 것을 불쾌해했고, 푸케의 권력과 명성을 크게 문제 삼았습니다. 루이 14세는 푸케를 송치하여 종신형에 처했으며, 결국 푸케는 토리노 지방의 피뉴롤에서 1680년 3월에 65세로 사망했습니다.

한편 루이 14세는 푸케의 대저택을 설계한 루이 르 보를 불러 베르사유 궁을 설계하게 합니다. 당시의 전제정치와 권력구조를 잘 보여주는 사례라 할 수 있는데요. 귀족이나 성공한 금융가들의 권력과 명성이 절대군주의 권위와 절대적인 통치를 위협하는 것으로 여겼습니다. 한편 절대군주는 이런 권력의 양립을 용납하지 않고 이를 직접적으로 탄압하고 통제하려는 전략을 펼쳤던 시대를 보여주는 한 단면이라 할 수 있을 것입니다.

당대의 일면을 이야기로 품은 이 대저택은 고귀한 디자인과 조각으로 장식된 파사드, 정교한 정원, 미묘한 비대칭성 등으로 유명합니다. 건축가 루이 르 보는 본 대저택의 건축물과 정원을 조화롭게 결합시켜 완성도 있는 작품으로 만들어냈습니다. 당시 프랑스에서 보편적이던 대저택의 양식과는 달리, 건축물과 정원을 하나의 디자인으로 연결하여 통일감을 살렸습니다.

이것은 후에 루이 14세의 베르사유 궁 계획에서도 이어집니다. 푸케가 권력과 부를 쌓는 과정에 윤리적이지는 않았으나 개인적으로는 루이 14세에게 당한 처사가 억울했을지도 모를 일입니다. 그렇게 베르사유 궁은 교황의 종교적 권위가 국왕의 현세적 절대주의로 대체되는 시대의 상징적인 건축물 중 하나입니다. 개인적으로 루이 14세는 거의 반세기에 걸쳐 베르사유 궁의 건설에 매달려 왕국의 위대성과 권력을 표현하기 위해 노력했습니다. 이 과정에서 그는 건축가 르 보를 통해 자연을 지배하는 건축 아이디어를 구체화했습니다.

바로크 건축의 결정체이자 신도시, 베르사유

베르사유 궁전Château de Versailles 은 인류의 로망이죠. 프랑스의 베르사유에 위치한 여가용 거주지이자 왕궁이자 행정수도로 프랑스 역사와 문화에서 중요한 역할을 하는 건축물입니다. 줄서서 관광하기도 넓고 벅찬 공간입니다. 베르사유는 원래 파리의 시골마을 중 하나였으나, 루이 14세태양왕, Louis XIV 가 먼저 파리 루브르 궁을 완성시키라는 콜베르의 제안을 거절하고 자신의 비전에 따라 공사를 진행하며 새롭게 태어났습니다.

베르사유는 오늘날의 개념으로 보면 '신도시'입니다. 그렇게 볼 수 있는 것이 원래는 이 지역이 숲과 초원으로 이루어진 미개발지였습니다. 루이 14세의 아버지인 루이 13세가 왕위에 오르기 전 도팽Le Dauphin 이라는 이름의 왕위 계승자였던 시절, 1607년 8월 24일 처음 떠난 사냥 여행지로 베르사유를 발견했습니다. 그의 아버지인 앙리 4세도 이를 기뻐했다고 합니다. 도팽은 1610년 왕위에 오르게 되고 1621년

베르사유에 재방문하게 되면서 베르사유 지역에 더 많은 관심을 가지고 별장을 짓기로 결정합니다. 1623년 후반에 왕은 밤을 보낼 수 있는 작은 사냥용 별장을 계획하고, 1624년 6월에 처음으로 이 별장에 머물렀습니다.

이 작은 별장은 시골의 조용한 거주지로서 주변 숲에서 꿩, 멧돼지, 숫사슴 등 다양한 사냥 기회를 가질 수 있었습니다. 이 별장은 왕의 레저와 휴식을 즐길 수 있는 장소였으며, 특히 사냥과 휴양을 즐기는 데 사용되었습니다. 루이 13세는 이 별장을 1631년에 재건하기로 결정하고 공사를 진행합니다. 재건 작업은 1634년까지 계속되었으며 현재의 베르사유 궁전의 기초를 놓았습니다. 또한 왕은 1632년에 베르사유 영지의 일부를 구입하여 궁전을 더욱 확장하고 개조하는 데 기여했습니다.

현재 우리가 보는 베르사유 궁전의 모습은 루이 14세에 이르러 갖추어집니다. 루이 14세가 어린 나이에 베르사유를 처음 방문했을 때가 세 살 때라고 하는데, 워낙 어린 나이였기에 아마도 그 자체로는 큰 인상을 남기지 않았을 것입니다. 그러나 성장하면서 베르사유에 대한 애정이 더욱 강해져 이곳을 자주 방문했고 사냥과 휴식을 즐겼습니다. 그는 베르사유의 자연환경과 아름다운 숲, 사냥놀이를 사랑했고, 이곳이 그의 레저와 휴식을 즐기는 장소로 자리매김하게 되었습니다. 루이 14세는 베르사유를 자신의 건축 프로

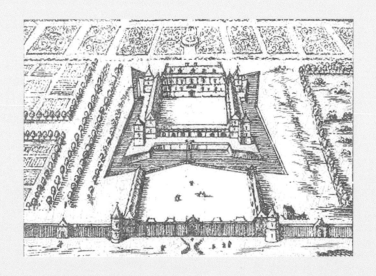

쟈크 곰부스트(Jacques Gomboust)가 그린
베르사유 궁전(1630~1640)

피에르 파텔이 그린 1668년경의 베르사유
궁전, 베르사유 박물관

베르사유 궁전, 아담 페렐(Adam Perelle)의 동판화,
1682년경, 대규모 코트와 파리를 향해 나 있는
간선도로가 보인다.

젝트의 중심지로 만듭니다. 스스로 건축가의 역할을 맡아
이곳을 자신과 프랑스 왕실의 영원한 기념물로 만들기로 결
심했지요.

　루이 14세는 파리의 좁은 길과 혼잡함을 싫어했습니다.[15]
그래서 베르사유 지역에 자연과 조화로운 환경을 창출하여
거주하고자 했습니다. 루이 14세의 건축 아이디어는 자연을
지배하며 건물을 조화롭게 통합하는 것이었습니다. 이를 위

해 건축가 르 보는 새로운 개념을 구체화하였고, 이에 따라 베르사유 궁전의 구조와 디자인이 형성됩니다. 루이 14세는 베르사유 궁전을 계속 확장하고 개조하여 그의 궁전을 더욱 웅장하게 만들었습니다. 이 건축 프로젝트는 그의 생애 동안 계속되었으며, 그 결과 현재의 베르사유 궁전이 건설되었습니다. 거주지는 점차적으로 사냥용 별장에서 정원에서 열리는 대규모 파티와 여흥1664년, 1668년, 1674년의 행사 등 을 볼 수 있는 여가용 거주지로 변했습니다.

이곳은 이후 프랑스 법원과 정부의 주요 거점이 됩니다. 1682년부터 루이 14세는 귀족들뿐만 아니라 행정부의 주요 기관도 베르사유로 옮겼습니다. 지금으로 보면 행정수도의 역할을 하게 된 것이지요. 그러나 여기에는 또 다른 기능도 있습니다. 바로 프랑스 귀족들을 한 곳에 모아 그들을 감시하기 위한 목적도 있었던 것이지요. '태양왕'이라는 별명답게 그의 권력을 위협할 수 있는 위험요소들을 통제하고자 했던 그의 욕망이 건축으로 드러난 부분이기도 합니다.

루이 14세는 야외 활동과 탁 트인 공간을 사랑했습니다. 이곳에서 평생에 걸쳐 건축작업을 수행하면 많은 이점을 얻을 수 있다고 보고, 자신의 궁전을 권력과 권위의 표현으로 삼았습니다. 베르사유 궁전의 규모는 정말로 인상적입니다. 면적은 63,154m²에 달하고 궁전 내에는 2,300개의 방이 존재합니다. 루이 14세는 진정 전쟁뿐만 아니라, 건축을 통해서도 왕과 국가의 영광이 전달된다는 것을 알고 있었습니다.

오늘날 베르사유 궁전은 바로크 양식의 대표 건물로 삼습니다. 화려하고 호화로운 건물과 아름다운 프랑스식 정원, 그리고 1,400개 이상의 분수로 유명합니다. 구조적으로 볼 때는 건축물 전면에서 볼 수 있듯 선적 질서와 비례가 중시된 고전주의적 측면을 드러냅니다. 정적이면서도 위엄이 느껴지게 하기 위해 전체적으로 균형을 갖춘 형태로 조화롭게 만들어냈습니다. 그러나 규모에서나 장식에서는 사치스럽고 화려한 바로크 경향이 느껴집니다.

특히 거울의 방홀 오브 미러, Hall of Mirrors은 베르사유 궁전에서 가장 유명한 공간 중 하나인데요. 방 전체의 길이는 73m에 달하며 벽면에 꾸며진 17개의 아치가 357개의 베네치아산 거울로 장식되어 있습니다. 당시 거울은 최고의 사치품이었습니다. 이 장소는 1685년 제노아 총독, 1686년 시암 대사, 1715년 페르시아 대사 환영식과 같은 권위 있는 행사를 주최한 특별한 장소였습니다.

이 건축물에는 예술적인 아름다움이 가득합니다. 뿐만 아니라 권력과 위대성을 상징하는 목적을 달성하기 위해 건축적인 요소들이 조화롭게 결합되었습니다. 이러한 노력으로 베르사유 궁전은 루이 14세의 힘과 권력을 표현하는 동시에, 자연을 지배하고 조화롭게 통합되는 현대적인 건축의

베르사유 궁전

거울의 방

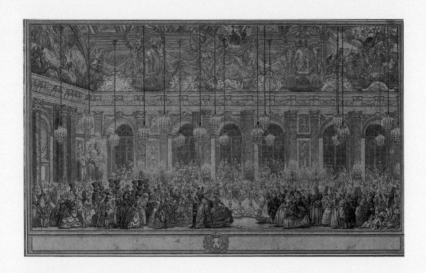

샤를-니콜라 코생(Charles-Nicolas
Cochin)이 그린 거울의 방에서 열린
가면무도회, 1745년

자연과 주거가 결합한 바로크 스타일의
베르사유 궁전

선구자로 평가받는 최고의 작품이 되었습니다.

　또 다른 측면에서 베르사유 궁전은 바로크 시대의 신도
시이기도 합니다. 자연과 주거의 결합이라는 새로운 생활양
식을 제시한 근대적 사례입니다. 건물의 광활한 복합구조는
자연과의 상호작용을 반영하며, 건물과 대지가 하나의 조화
로운 통합체로 다루어집니다. 궁전은 주거적·사회적·행정
적 목적을 위한 다양한 공간들을 가지고 있는데, 이를 자연
과 어우러진 환경 속에 배치하면서 생활의 여러 측면을 고
려했습니다. 루이 14세는 궁전의 건물 내부에서 자연의 경
치를 즐길 수 있도록 배치했습니다. 숲과 초목을 바라보며
자연과의 조화를 느낄 수 있죠. 이는 당시의 대규모 건축물
이 보여주는 화려함에만 그친 것이 아니라, 자연과의 조화
된 삶을 강조하는 새로운 삶의 방식을 제시한 것입니다. 자
연과 공존하는 새로운 형태의 생활은 현대까지 이어집니다.
베르사유 궁전은 도시와 자연, 건축과 환경이 조화를 이루
는 이상을 보여주는 바로크적 다양성의 대표 건축 중 으뜸
입니다.

6장

산업혁명 시대의   건축과 예술

새로운 변화

    18세기 후반에 이르러 극도로 장식적인 바로크 건축에 환멸을 느끼고 새로운 건축을 제안하는 건축가들이 나타납니다. 에티엔-루이 불레Etienne-Louis Boullée, 1728~1799 와 클로드 니콜라스 르두Claude Nicholas Ledoux, 1736~1806 가 대표적입니다. 이들은 과장되어 있으며 거대하고 화려한 건축 경향에 반대하며 그와 대조적인 기하학적 간결함과 규율을 추구하는 고대 이집트, 그리스와 로마 건축에 다시 주목합니다. 이러한 양식은 '신고전주의'로 알려져 있으며 고대의 건축

불레, 뉴턴 기념비(1784)

불레, 국왕을 위한 도서관 2차
계획안(1785)

르두, 모페르튀 성(Château de Mauperthuis)(1763)

르두, 파리 홀월호텔(Hôtel d'Hallwyll)(1766)

양식과 원칙을 복원하고 재해석하는 것을 목표로 했습니다.

같은 시기, 미국에서는 신고전주의 양식이 힘을 얻습니다. 이 양식은 미국의 독립전쟁과 함께 발전하며 혁명기의 공공 건물 및 주택에서 두드러졌습니다. 정치사회의 권위와 역사성을 부여할 수 있기 때문입니다.[1]

앞서 고대 그리스가 유럽 문명의 기원임을 살펴보았습니다. 미국은 유럽인들이 새 땅으로 건너가 세운 국가이지 않겠습니까. 고대 그리스에 뿌리를 둠을 강조하면 자신들의 위상을 건축으로 상징화하면서 미국은 미국대로 역사적 정통성을 획득하게 되고, 나아가 미국을 포함한 거대한 서양 세계가 고대 그리스와 일맥을 이루는 패러다임을 형성하게 됩니다.

미국 독립전쟁에서 군대를 지휘하여 전쟁에서 승리를 거둬 영국에서 독립을 성취한 총사령관이자 미국의 제1대 대통령 워싱턴 George Washington, 1732~1799 은 건축의 가치와 상징적 역할을 알고 활용한 인물입니다. 워싱턴은 미국 국회의사당의 설계공모와 관련하여 "대중의 신뢰를 고취시키거나 저하시키는 것은 건축의 발전에 달려 있다"[2]고 강조하기도 했습니다.

미국에서 확산된 신고전주의 양식의 주요 특징 중 하나는 주로 건물의 입구와 파사드에 도릭, 이오닉, 코린트 양식의 기둥과 박공, 돔과 같은 건축 요소를 사용하는 것이었습니다. 대표적인 예로는 워싱턴 D.C.의 미국 국회의사당과 버지니아 주 샬러츠빌에 위치한 미국역사기념물 몬티첼로 Monticello 가 있습니다.

그런가 하면 바로크 장식과 고딕 전통에 영감을 받았던 건축가들도 있었습니다. 찰스 배리 Charles Barry, 1795~1860, 웰비 퓨진 Wellby Pugin, 1812~1852, 찰스 가르니에 Charles Garnier, 1825~1898 가 대표 인물입니다. 배리와 퓨진이 설계한 영국 런던의 국회의사당은 외관에서 비례와 균형감이 느껴지기도

미국 워싱턴 D.C.의 국회의사당

미국 버지니아 주 샬러츠빌의 몬티첼로

하지만 뾰족한 첨탑들과 섬세한 장식들이 종교적이고 신비적인 형태를 띠고 있습니다. 이는 나폴레옹의 침략 전쟁으로 인해 어수선했던 영국인들이 마음을 모아 단결할 수 있도록 건축을 상징물로 사용한 것입니다.

가르니에는 프랑스 파리의 오페라극장을 설계합니다. 바로크 분위기가 진하지요. 건물의 주요 사용자가 될 이들, 다시 말해 상공업으로 부를 쌓아 새로운 사회계층으로 등장한 시민계급에게 그들의 위상을 드러내기 위해 옛 귀족들의 건축과 유사한, 장식이 많고 화려한 바로크 풍으로 디자인했습니다.

이런 변화는 1760년경에 시작된 산업혁명과 함께 촉진되었습니다. 산업혁명은 건축 및 엔지니어링 분야에 혁명적인 변화를 가져왔습니다. 먼저 새로운 건축 자재가 등장했습니다. 주철, 강철, 유리 같은 건축 자재가 대량생산되어 건축물에 적용되기 시작했는데요. 강철 구조물은 건물을 높이고 안정성을 향상시키는 데 사용되었으며, 유리는 건물 내부를 밝고 개방적으로 만들 수 있게 되었습니다. 강철 프레임 구조와 유리로 만든 커튼월 등의 기술 혁신으로 이전 시대와는 비교할 수 없는 높이의 고층 빌딩과 새로운 건물 디자인이 가능해진 것입니다. 더불어 증기기관과 기계 도구의 개발로 노동생산성이 향상되었습니다. 대규모 건물 프로젝트를 빠르게 진행할 수 있게 되었으며, 전기의 도입은 건물

영국 런던 국회의사당

프랑스 파리 오페라 극장

내부와 외부 조명을 개선했습니다. 이로써 건축물은 밤에도 활용될 수 있게 되었고, 도시의 랜드마크와 거리 조명이 등장했습니다.

　산업혁명으로 인해 공장들이 급격한 속도로 생겨났습니다. 여기에서 일하는 노동자들의 수가 특정 지역에 집중적으로 몰리며 도시화가 촉진되었습니다. 이에 따라 도시계획의 중요성이 부각되었으며, 도시 인프라와 주택의 수요가 급증하면서 도시계획자들은 보다 효율적이고 건강한 도시를 설계하기 위해 노력했습니다. 산업혁명은 환경에도 영향을 미쳤는데요. 산업화로 인해 공해물질이 방출되고 자원 소비가 증가하게 되면서 건강한 거주 환경 조성에 대한 관심은 물론 환경 보호와 지속 가능한 건설의 중요성이 부각되었습니다.

철과 석탄, 1855~1860,
윌리엄 벨 스콧, 내셔널 트러스트

산업혁명과 철의 등장

산업혁명 시기에는 다양한 분야에서 독창성과 기술적 솜씨가 돋보이게 됩니다. 혁신적인 기계나 장치가 발명되며 사회를 바꾸어 나갔습니다. 그러나 일상의 삶에 소소한 즐거움을 가져오게 하는 것도 많았습니다. 그리고 새로운 재료들이 등장했다고 해서 오늘날에 보이는 현대적 건물들이 갑자기 등장했던 것도 아닙니다. 변화는 작은 부분에서 조금씩, 천천히 이루어졌습니다.

먼저 살펴보려고 하는 것은 18세기에 등장한 기계 장난감입니다. 스위스의 시계 장인들에 의해 개발된 자동기계 오토마타 장치들인데요. 이중에서도 글자를 쓰거나 움직이는 인형 등 다양한 작동을 하는 장치들이 만들어졌습니다. 이러한 기계 장치들은 지금 봐도 놀라운 정교한 작동 원리를 가지고 있었어요. 전자장치 없이도 움직이는 순전히 기계적 방식으로 작동했지요. 소소한 재미를 제공하지만 기술의 발전 없이는 존재할 수 없는 결과물이었습니다.

최초의 컴퓨터로 볼 수 있는
자동기계(오토마타) 드로잉
보이(1774), 스위스 시계
장인에 의해 제작되었다.

　건축에서 새로운 변화는 재료에서 일어납니다. 철이 등
장하면서 모든 것이 바뀝니다. 사실 철은 선사시대 중 기원
전 700년경 시작했던 '철기시대'에서도 볼 수 있듯이 역사
에 등장한 지 오래되었습니다. 다만 과거에 철은 주로 무기
나 도구 등에 사용되었고 대량생산이 어려웠기에 산업혁명
이전에는 건축물에서 그 활용이 제한적이었지요. 철의 활용
이 건축물에서 증가하기 시작한 것은 산업혁명과 밀접하게
연결되어 있습니다. 산업화로 인해 철을 대량생산하는 것이
가능해지고 그동안의 기술적 제약도 해결되면서, 철은 점점
더 중요한 재료로 부상했습니다.
　이 시기에 철의 발전과 관련하여 중요한 인물이 있습

다비 가문이 운영한 콜브룩데일 제철소(좌)와 오래된 용광로(우),
제철소는 현재 철 박물관으로 활용되고 있다.
사진: The Ironbridge Gorge Museum Trust

니다. 영국 산업혁명 시대의 초기 사업가이자 공학자 아브
라함 다비 1세Abraham Darby I 입니다. 영국의 산업혁명 과정
에서는 한 가문이 특정 무역과 산업을 독점하고 전문화하는
현상이 두드러진 경우가 많았습니다. 다비 가문은 철과 철
강 생산 분야에서의 역할과 기여로 잘 알려져 있습니다. 그
는 석탄 가공 연료인 코크스를 활용하여 철을 만드는 실험
을 하며 철의 분자 구조를 연구했습니다. 과학적 연구와 기
술적 발전이 이루어지면서 철은 건축과 산업 분야에서 더
욱 널리 사용되기 시작했습니다. 이러한 발전은 산업혁명을
가속화하고 현대 기술과 과학의 기반을 마련하게 된 중요한
과정 중 하나였습니다.

에너지 원료인 석탄의 이용도 철의 발전에 큰 영향을 미
친 요인입니다. 당시 제철소에서는 철을 생산하는 용광로의

원료로 목탄을 사용했습니다. 그러나 철 생산량이 증가하기 시작하면서 빠른 속도로 목탄이 부족해졌고, 대체 에너지원으로서 광물 연료인 석탄을 활용하게 됩니다. 에너지 공급 문제가 해결되면서 산업 분야에서의 생산성이 향상되자, 철강산업의 성장은 다시 이어집니다.

그렇다고 해서 이렇게 등장한 신재료인 철이 공공건축이나 대규모 건축물에 바로 사용되지는 않았습니다. 대신 실용적이고 일상적인 구조물에서 사용되기 시작했던 흔적을 찾을 수 있는데요. 여기에는 몇 가지 이유가 있습니다. 먼저 공공건축이나 대규모 건축물은 보통 사회의 힘과 발전을 나타내는 상징으로서 특별한 의미나 문화적인 메시지를 담고 있는 경우가 많습니다. 그래서 이러한 건축물에서는 과거의 전통을 따르며 역사성을 강조하거나, 기존에 크게 유행한 양식을 유지하거나 강조하는 경향이 있었습니다.

새로운 재료를 활용하며 전에 없던 실험으로서 '신건축'이 설 자리가 미미했습니다. 그래도 일상적이고 실용적인 용품이나 구조물에서는 새로운 기술과 재료의 사용이 뚜렷하게 드러났습니다. 대중의 일상생활에 직접적인 영향을 미치는 것들이었기 때문에, 새로운 기술을 적극적으로 받아들이고 적용하는 것이 현실적으로 쉬웠습니다.

주철로 가장 먼저 변화가 일어난 곳은 부엌입니다. 기계 및 가정용품 제조에서 활용되기 시작했습니다. 제임스 와트의 경쟁자였던 공학자 존 스미턴은 주철을 가정용품에 처음 적용하면서, 그 혁신성으로 인해 '완전히 새로운 작업'이라고 감탄했는데요. 이것이 바로 철의 활용 영역이 확장되는 시발점이었습니다. 아브라함 다비 3세에 들어서는 주철의 사용이 더욱 다양화되어 이를 영국 전역으로 운송하기 위해 철로와 주철 다리 등이 세워집니다. 1767년에는 최초의 철로가, 1775년에는 세번 강River Severn에 최초의 주철 다리가 건설되지요. 인프라의 구축과 함께 철강산업 자체는 물론이고, 철이 활용되는 건축 및 토목 구조물 또한 더욱 빠른 속도로 발전하게 되었습니다.

세번 다리와
웨어머스 다리

세번 다리Severn Bridge는 산업혁명 시기에 새로운 재료와 기술을 사용했습니다. 대담한 실험을 시도한 사례 중 하나로 꼽히는 중요한 구조물입니다. 이 다리는 '아이언브리지 The Iron Bridge'로도 알려져 있습니다. 아이디어는 아브라함 다비 3세와 존 윌킨슨이 냅니다. 두 사람은 철과 기계 공학 분야에서의 혁신을 주도한 인물들입니다. 다비 3세는 제철 사업으로 가문의 사업을 이어가고, 윌킨슨은 실린더 천공기를 개발하고 이를 활용하여 제임스 와트가 효율적인 증기기관을 개발하는 데 기여했습니다.

세번 다리는 1775년에 공사를 시작하여 1779년에 완공되었으며, 튼튼한 구조의 아치 디자인을 통해 세번 강의 범람 위험에도 대비할 수 있었습니다. 다리의 경간徑間, Span은 약 31m, 높이는 약 14m에 달하며, 아치 형태로 이루어져 있습니다. 아치는 다섯 세트로 이루어진 주철 리브로 구성되어 있고 반원형을 띱니다.

영국 콜브룩데일 세번 다리

　다리의 재료는 아브라함 다비의 콜브룩데일Coalbrookdale
제철소에서 제조했습니다. 이곳은 당시 대규모 아치를 주조
할 수 있는 유일한 장소였습니다. 세번 다리의 디자인은 당
시의 미학적인 고려보다는 실용성과 강한 구조를 중요시한
결과물입니다. 그러나 이 같은 실용적 디자인으로 인해 세
번 다리는 이후에도 그 혁신성과 강력한 구조로서 중요한
역할을 하였으며, 산업혁명과 기술 혁신의 상징적인 건축
유산 중 하나로 기억하고 관리되고 있습니다.
　이제 잉글랜드 선덜랜드Sunderland 의 사례로 넘어가보겠
습니다. 18세기 말 영국 잉글랜드의 선덜랜드는 빠르게 성
장하고 있었으나, 웨어 강River Wear 에는 다리가 없어 도시로
오는 이들은 배를 이용하여 강을 건너거나 근처에서 가장

영국 선덜랜드의 웨어머스 다리

가까운 다리인 체스터-르-스트릿Chester-le-Street 까지 가야만
했습니다. 시간이 갈수록 교량 건설의 필요성이 부각되면서,
1792년 국회의원이었던 롤랜드 버든Rowland Burdon MP 은 의
회법을 제정하여 웨어머스 다리The Wearmouth Bridge 를 건설
하기로 결정합니다.

그러나 교량을 건설하기 전에 해결해야 할 세 가지 문제
가 있었습니다. 첫째, 웨어 강의 폭이 75m로 매우 넓었기 때
문에 이를 해결할 수 있는 기술이 필요했습니다. 둘째, 당시
에는 강을 이용하여 돛대가 높은 선박이 많이 있었습니다.
선덜랜드의 주요 사업이자 성공 이유는 석탄을 해상으로 수
출하는 것이었기에, 다리는 선박이 통과할 수 있는 충분한
높이의 단일 경간이어야 합니다. 셋째, 당시 다리를 건설하

는 데 보편적으로 사용되었던 석재는 매우 비쌌습니다. 이렇게 큰 폭의 다리를 석재로 만들게 될 경우 막대한 비용이 소요되었기에 이를 대체할 다른 재료가 필요했습니다.

예산 범위를 초과하지 않으면서 강을 가로지르기에 충분할 만큼 넓고 튼튼한 다리. 그러면서도 선박이 다리 아래로 항해할 수 있을 만큼 높이가 확보되는지 확인하기 위해 교량위원회는 여러 디자인을 테스트합니다. 위원회는 여러 재료를 두고 고심합니다. 우선 돌다리를 건설하려면 약 7만 파운드_{현재 약 백만 달러} 의 비용이 들고, 설상가상 그렇게 넓은 강폭을 가로지르기도 너무 무거울 것이라는 우려가 있었습니다. 목재는 저렴하고 가공하기는 쉬웠지만 내구성이 약해서 긴 다리에 사용된 적이 없었습니다. 버튼 의원은 철이 문제의 해결책이라는 것을 깨닫습니다. 당시 철교는 매우 실험적인 구조물로서 최첨단의 철 가공 기술을 반영하고 있었습니다. 버튼 의원은 근처 세번 다리 디자인을 선례로 웨어 강의 지역 상황에 맞는 디자인을 찾으려 노력했습니다. 세번 다리의 디자인을 그대로 사용하기에는 그곳의 강폭이 웨어 강의 절반에 불과했기 때문에, 동일한 디자인이 웨어 강에 적합할지는 의문이었습니다.

교량위원회는 1792년 11월, 충분한 강도와 구조적 안정성을 제공할 수 있는 주철 다리를 건설하는 안에 동의했습니다. 1796년 8월 9일, 웨어머스 다리가 공식적으로 다리가 개통되었을 때, 세계에서 가장 큰 단일 경간철교로 역사에 등장했습니다. 당시의 혁신적인 엔지니어링과 건설작업의 결과물이었습니다. 다리 길이는 강폭을 가로지르는 75m, 다리 높이는 저수점에서 바닥까지 30.5m로 범선들이 다리 아래로 자유롭게 통과할 수 있었습니다. 부산 광안대교 형하공간이 35m라는 것을 감안하면 약 200년에 건설된 다리임에도 그 규모가 대단했음을 알 수 있습니다.

한편 버든 의원은 다리 건설을 위해 3만 파운드를 선불로 지불했습니다. 그러나 건설 전부터 예산을 철저하게 검토했음에도 1806년에 해당 은행이 파산하면서 문제가 발생했습니다. 이 사건으로 인해 의회는 법을 추가로 제정해, 일반인들에게 복권을 팔 수 있도록 하여 복권 판매 수익으로 공사비용을 충당했다는 것이 이 다리의 건설과 관련한 또 다른 에피소드입니다.

이후 다리에 구조적 문제가 발생했습니다. 1858년 엔지니어 로버트 스티븐슨이 문제를 발견하였고, 이듬해에 개조 및 확장 작업이 이루어졌습니다. 낡은 구조물은 제거되었고 새로운 다리가 설치되었지요. 이 과정에서 4만 파운드의 비용이 들었고, 마침내 새로운 형태의 다리가 완성되었습니다.[3]

철과 유리의
건축

다리는 시작에 불과했습니다. 주철로 만든 구조물이 실제로 등장하자 건축가와 디자이너들은 자신감을 얻습니다. 상상하기 힘들었던 아이디어도 이제 구현할 수 있다는 자신감이었습니다. 이 시기 동안에는 그릴 수 있는 모든 형태가 건축으로 만들어졌다고 볼 수 있을 정도입니다. 주철은 가공하기 쉬웠고, 어디에 어떻게 사용하는 것이 좋을지 실험하는 단계였기에 모험이 가능했습니다. 게다가 주철의 경량성과 강도는 건축물을 보다 효율적으로 지원하고 안정화할 수 있어 더 크고 복잡한 구조물을 만들 수 있다는 장점도 있습니다.

영국 브라이튼의 로열 파빌리온Royal Pavilion 이 대표 사례입니다. 브라이튼 파빌리온으로도 알려진 이 건물은 19세기 초 영국 왕립가족을 위해 지어진 궁전입니다. 왕실의 해변 휴양지였죠. 디자인은 중동과 인도에서 영감을 받았습니다. 19세기에 유행했던 인도-사라센 양식입니다. 돔과 첨탑이 있는 외관은 건축가 존 내쉬John Nash, 1752~1835 가 1815년부터 건물을 확장한 결과물입니다.

주철이라는 새로운 재료의 등장은 건물 디자인에 상상력을 불어넣고, 실험적 아이디어를 탐구하는 계기가 됩니다. 주철은 로열 파빌리온의 외부에서 뿐만 아니라 내부에서도 사용됩니다. 이슬람 문화의 영향으로 복잡한 곡선이 흥미롭지요.

"영국에 저런 건물이 진짜 있다고요?" 할 수 있으실 텐데, 예. 진짜 있습니다. 영국 전통건축에서는 볼 수 없는 모습입니다. 실내에서는 주철 기둥의 형태와 디자인이 이목을 끕니다. 다이닝룸 '그레이트 키친Great Kitchen'을 살펴봅시다.

기둥 모양은 야자수 나무입니다. 비례도 특이합니다. 가늘고 길게 천장으로 쭉 뻗어있지요. 기둥머리는 잎 모양을 땄습니다. 코린트 양식이 아칸서스 풀잎에서 디자인 영감을 받았지만 이렇게 실제 형상 그대로 쓰지는 않았습니다. 높고 화려함을 자랑하는 고딕 건축에서도 이 정도로 가는 기둥은 없었지요. 이런 시도는 석재나 목재로는 어려운 일입니다. 그러나 가공이 용이한 주철로는 가능했습니다. 주철의 재료 특성을 극대화하여 이국적인 요소와 섞어 독특한 분위기를 만들었습니다.

영국 브라이튼의 로열 파빌리온

로열 파빌리온 다이닝룸
그레이트 키친

장식적인 주철기둥은 1867년 파리박람회의 타원형 정원에서도 발견됩니다. 여기서 주철기둥은 공간을 꾸미는 역할을 합니다. 그러나 재료의 성질을 활용하여 장식을 극대화하는 이런 방식이 늘 긍정적인 반응은 아니었습니다. 주철 건축에 대한 부정적인 견해도 많았지요. 장식과 형식에만 주력한다는 비판이 많았습니다. 당시 합리성, 효율성을 추구하는 엔지니어링 정신과 실용성을 강조하는 입장과 대립하였습니다.

주철과 유리로 만들어진 수정궁도 보실까요? 수정궁은 1851년 런던 하이드파크에서 개최된 만국박람회를 위해 지은 건축물입니다. 이 박람회는 빅토리아 시대의 산업혁명과 기술발전을 세계에 소개하기 위한 것이었습니다. 많은 국가에서 전시업체들이 참여하여 혁신적인 기술과 제품을 선보였습니다.

수정궁은 극작가 더글라스 제럴드Douglas Jerrold, 1803~1857 가 런던만국박람회 개최를 기다리며 1850년 7월, 유머잡지 《펀치Punch》에 박람회 건물을 '수정의 궁전'으로 언급한 데서 이름 붙여졌습니다. 건물이 주철과 판유리로 만들어져 거대한 수정처럼 보인다는 인상을 비유한 표현입니다. 조셉 팍스턴Joseph Paxton, 1803~1865 이 디자인한 이 건물은 길이가 564m로 굉장히 크고 내부 높이는 39m로 높았습니다. 이 건물은 투명한 유리벽과 천장으로 둘러싸여 있어서 실내에는

1851년 국제박람회를 위한 하이드파크의
수정궁

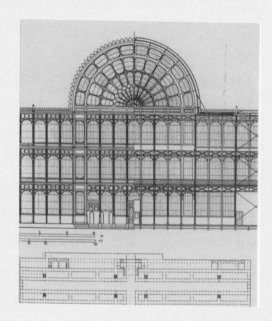

수정궁 입면 일부

268

따로 조명이 필요하지 않았습니다. 당시의 방문객들에게는 놀라움을 주었지요. 이전까지의 건물은 대부분 석조건물이어서 창이 제한적이었습니다. 폭도 크기도 자유롭게 디자인할 수 없었지요. 그런데 사방의 유리를 통해 자연 빛이 밝은 내부 공간은 엄청난 변화였습니다.

한편 유럽대륙에서는 철을 지붕 재료로 사용하는 시도가 있었습니다. 빅토르 루이Victor Louis, 1731~1800 가 1786년 프랑스 파리의 프랑세 극장 지붕에 최초로 철을 적용합니다. 이전에는 목재를 사용했는데 화재에 취약하다는 문제가 있었습니다. 목재 지붕이 불에 타면 건물이 전소하는 경우가 많았어요. 철은 대량생산이 가능해지면서 구하기도 쉬웠고 내구성과 내화성도 좋았습니다. 극장이나 창고 같은 건물에 철은 자연스럽게 많이 쓰이게 됩니다.

프랑세 극장의 철 지붕은 구조의 혁신과 독특함이 뛰어납니다. 이 건물의 철 지붕은 얇은 벽만 있으면 지지 가능한 방식으로 설계되었으며, 전체적으로 균형을 잘 유지할 수 있었습니다. 그럼에도 불구하고 구조물의 형태는 관성 모멘트에 대한 '직관적인 지식'을 나타냅니다. 공학적으로 완벽하게 안정적인 형태라기보다 '감'으로 설계했다는 뜻입니다. 관성 모멘트는 물체의 질량과 구조에 따라 회전운동을 만들어내는 힘의 효과를 의미하는데요. 이러한 지식은 당시까지는 과학적으로 정확하게 이해되거나 계산되지 못한 부분이

8세기 후반의 파리 프랑세 극장

었습니다.

  그렇지만 부족한 점이 있었다고 해서 나쁘게 볼 것만
은 아닙니다. 한계는 있었지만 이러한 지식이 뒷받침되어
야 한다는 사실을 인지하고 있었지요. 부족한 점을 알면서
도 용기 있는 접근이었으며 새로운 아이디어를 시도한 사례
로 평가됩니다. 이러한 건물에서 철을 사용할 때 요구되는
우아함과 대담성은 프랑스 철강건설의 특징이 됩니다. 프랑
스의 철구조 건축은 이후 100여 년에 걸쳐 이러한 특징을
갖추며 발전하여, 1889년 파리만국박람회를 통해 그 절정기
를 맞았습니다.

에펠탑과
엘리베이터

　1889년 파리만국박람회에서 단연 눈에 띄는 것은 에펠 탑이었습니다. 1889년 파리만국박람회는 주철을 포함한 철강 구조물을 사용한 혁신적인 건축물들을 선보였습니다. 이들 건축물은 기존의 건축 양식을 넘어선 디자인과 구조를 갖추고 있었습니다. 주철과 강철은 더 큰 개방적인 공간을 가능하게 하였으며, 기술적 한계를 넘어 건축가들의 창의적인 아이디어를 구현할 수 있는 기회를 제공했습니다.

　에펠탑은 프랑스 공학자 에펠에 의해 설계되었으며, 철로 만들어졌으며 그 높이와 그것이 불러일으킨 사회적 반향으로 유명합니다. 에펠탑은 철을 사용하여 높이 약 300미터 이상의 탑을 건설한 선구적인 구조물로 당시 기술의 한계를 넘었습니다. 에펠탑 구조를 보고 당대 사람들의 의견은 분분했습니다. 아름답다고 하는 이들도 있었고, 흉물이라고 한 이들도 있었지요. 긍정적이든 부정적이든 익숙하지 않음이 주는 충격이 컸던 것 같습니다. 그러나 오늘날 에펠탑의 전망대는 19세기 후반의 철의 활용과 기술적 발전을 보여주는

파리 에펠탑

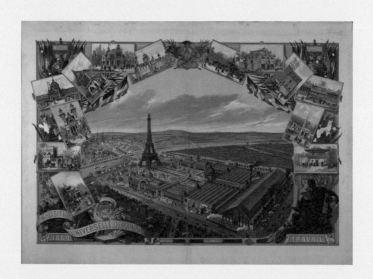

1889년 파리만국박람회

에펠탑의 오티스 엘리베이터
그림: La Nature, (Paris) May 4, 1889,
vol. 17, p. 360

상징물로 여겨지며 당시의 철강기술을 대표하는 역사적인
건축물이 되었습니다.

　에펠탑의 높이는 세 단계로 구성되어 있습니다. 첫 번
째 플랫폼은 지상에서 2단의 대규모 승강기를 통해 올라가
며 그 높이는 노트르담 성당의 높이와 동일합니다. 두 번째
플랫폼은 더 높은 위치에 있으며 성 베드로 대성당의 돔까
지의 높이와 같습니다. 최종적으로 왕복 운행 시스템을 이
용하여 나머지 부분이 올라갑니다. 에펠탑의 총 높이는 약
300m에 이르는데, 승강기로 상승하는 데에는 약 7분이 걸
렸고 한 시간에 2,350명의 승객을 최상부까지 운반할 수 있

는 수용력을 가졌습니다. 당시에는 놀라운 기술입니다. 그렇다면 에펠탑을 전망대로서 역할을 가능하게 한 엘리베이터는 누가 발명한 것일까요?

엘리베이터 개발은 미국의 오티스가 주도했습니다. 오티스는 엘리베이터를 연구하고 전문적으로 생산하는 유명한 엘리베이터 회사 이름이기도 합니다. 최초의 현대적 엘리베이터를 발명한 엘리샤 오티스Elisha Otis, 1811~1861가 1853년 자신의 이름을 회사명으로 하여 설립한 기업인데요. 미국 코네티컷 주 파밍턴Farmington, Connecticut에 본사를 두고 있습니다.

엘리샤 오티스는 1854년 뉴욕에서 열린 세계박람회에서 엘리베이터를 선보이고 파리의 에펠탑에 엘리베이터를 설치하여 안전성을 증명하면서 이 기술의 신뢰성을 세계에 알리는 데 큰 역할을 했습니다. 혁신적인 잠재력을 시연하고 제공함으로써 엘리베이터 사용의 표준화 및 상용화를 촉진한 것입니다. 오티스의 현대적 엘리베이터 발명은 현대 건물 및 도시의 개발에 중대한 영향을 미쳤습니다. 그의 안전 브레이크 시스템은 엘리베이터의 안전성을 보장하고, 고층 빌딩을 건설하거나 높은 건물에서의 이동을 가능하게 했습니다.

엘리베이터 없는 현대의 초고층 건물들을 상상할 수 있으신가요? 현대 도시에서 필수적인 수직 통행수단인 엘리베이터는 도시화와 고층 건물의 발전을 촉진하는 데 크게 기여했습니다. 그런데 오티스에 앞서 엘리베이터 개념을 포함한 건축을 제안했던 사람이 있었습니다. 발명가이자 건축가 제임스 보가두스James Bogardus, 1800~1874였습니다.

보가두스는 19세기 초반, 여러 분야에서 혁신적인 발명품을 개발하였습니다. 항상 심을 뾰족하게 유지할 수 있는 연필, 최초로 영국 우표를 발행하는 데 사용된 조판기계, 심해 음파탐지기 등 그의 발명품은 다양한 산업 분야에 영향을 미쳤습니다. 또한 그는 철을 활용하여 건축물과 제품을 개발하는 데에도 흥미를 가지고 있었습니다.

1851년 런던만국박람회의 수정궁이 세계적으로 주목을 끌게 되면서, 뉴욕만국박람회는 런던의 수정궁을 라이벌로 삼아 더욱 멋진 건물을 선보이기 위해 현상공모를 내게 됩니다. 보가두스도 여기에 제안서를 제출하며 참가하게 되는데요. 그가 제안한 뉴욕만국박람회 건축 프로젝트는 비록 최종 선정되지는 못했지만, 보가두스의 상상력과 혁신적인 발상을 대표하는 작품으로 오늘날까지 남아 있습니다.

이 프로젝트는 시대에 앞선 건축적 아이디어, 다시 말해 경제성과 재활용 가능성을 강조한 설계로 주목받았습니다. 가장 특징적인 점은 구조의 해체 가능성이었습니다. 그는 건물을 만들 때 사용되는 동일한 패턴의 부재들이 나중에 재활용될 수 있다고 생각하고 건물이 해체되었을 때 부재들

보가두스가 제출한 뉴욕 만국박람회 건축
프로젝트 계획안, 중앙부 90m 높이의 탑은
승객용 승강기를 위한 공간이다.

을 다시 활용할 수 있도록 설계했습니다. 이는 당시에는 새
로운 개념이었으며, 환경적인 측면에서도 선구적인 발상입
니다.

　건축물의 구조는 대규모 원형극장 형태로 제안되었습
니다. 중앙부에는 약 90m 높이의 탑이 있는데 승객용 승강
기를 위한 공간이었습니다. 만약 이 설계안이 실제로 지어
졌다면 승강기를 건물 중앙에 위치시킴으로써 승객들은 탑
을 통해 높은 고도까지 편리하게 이동할 수 있었고, 박람회
전체를 한눈에 조망하며 즐길 수 있었을 것입니다. 이는 당

시에는 혁신적이고 흥미로운 아이디어였으며, 승객용 승강기를 건물 내부에 통합하여 건축물의 기능성과 활용성을 극대화하려는 노력으로 평가되고 있습니다.

중앙부 90m 높이의 탑은 승객용 승강기를 위한 공간입니다.

이러한 제안 이후, 오티스는 엘리베이터의 안전한 운행을 보장하기 위한 여러 장치를 개발하며 엘리베이터의 기능을 향상해 갔습니다. 그리고 1854년 뉴욕에서 열린 만국박람회에서 안전 브레이크를 선보였지요. 그는 승객용 엘리베이터로 승객들을 탑승시키고 승강대에 올라가 자신의 신뢰성을 시연했습니다. 승강 로프가 끊어져도 안전 브레이크가 작동하여 엘리베이터가 갑자기 떨어짐을 막는 시연을 하면서 그는 "신사 여러분, 매우 안전합니다."라고 자신 있게 외치며 안심시켰다고 전해집니다.[4]

1890년대 건축의 개척자들

산업혁명은 건설 및 건축 분야에 혁명을 가져왔습니다. 이 기간 동안 건축과 건설 기술은 크게 발전하였으며, 이로써 현대 건축의 기초가 마련되었습니다. 건축 자재, 특히 주철, 연철 등이 개발되면서 생산이 가능하게 된 강철 프레임 구조물과 조립식 건축 부재들은 대형 건물의 건설을 짧은 공기 내에 가능케 하였고, 이로써 고층 빌딩과 대형 교량 등이 대량으로 건설될 수 있었습니다. 또한 유리가 건설 자재로 큰 판유리로 제작되면서 건물 내부에 자연 채광을 많이 활용할 수 있고, 포틀랜드 시멘트와 콘크리트는 구조물의 내구성과 안정성을 향상시켰습니다. 이와 같은 기술 발전 덕분에 1880년에서 1900년 사이에 유럽 전역과 미국의 건설경기가 부흥하며 도시들은 급속하게 성장하였습니다.

특히 미국의 경우 그 변화의 폭이 매우 인상적입니다. 인구 증가의 대부분은 산업 확장으로 인해 1880년에서 1900년 사이, 단 20년 동안 미국 도시의 인구는 약 1,500만 명

증가했습니다. 상당수는 전 세계에서 온 이민자였습니다. 이 기간 동안 미국 시골 지역의 사람들도 꾸준히 도시로 이주했습니다. 1880년에서 1890년 사이에 미국 군구郡區, Township, 미국 카운티 아래의 행정 구역 단위 의 거의 40%가 이주로 지역인구를 잃었습니다. 산업 확장과 인구 증가는 도시의 모습을 변화시켰습니다. 소음, 교통 체증, 빈민가, 대기 오염, 위생 및 건강의 문제가 일반화되었습니다. 트램, 지하철 등 대중교통이 건설되었고 고층 빌딩들이 도시의 스카이라인을 장악하기 시작했으며, 교외로 알려진 새로운 커뮤니티가 도시 바로 너머에 건설되기 시작했습니다.

교외에 살며 업무를 위해 도시를 드나드는 통근자들이 늘어나 도시에 거주하는 사람들 중 상당수는 임대 아파트나 연립주택에 거주했습니다. 특히 이민자들은 지역사회가 생활의 중심이 되는 경우가 많았는데요. 고립된 지역에서는 많은 이민자 집단이 소중한 관습과 전통을 고수하고 실천하려고 했습니다. 오늘날에도 미국의 일부 대도시에는 이러한 문화역사적 유산을 지키는 지역이 많습니다. 이전 시대가 경험하지 못한 도시의 확장과 삶의 변화로 인해 건설 물량은 폭증했습니다. 새로운 건축 자재의 출현에 따라 주택, 산업, 교통, 도시 개발 등 수많은 프로젝트들이 광범위하게 현대 건설 산업에 등장하게 되었습니다. 그러나 대부분의 건물 건설은 여전히 중소 규모의 현지 건설업체에 맡겨져 있

절충주의 주택의 예
캘리포니아 주 유레카

었습니다.

모든 것이 과도하게 빠른 속도로 성장했습니다. 19세기 말 상황에서 중요한 건축 작품들을 보는 것은 쉽지 않았습니다. 이 시기에는 여러 문화가 섞이게 되고 성장의 속도로 인해 절충주의Eclecticism가 유행하게 되는데, 다양한 역사적 스타일과 요소들을 혼합하고 있는 것이 특징입니다. 특정한 스타일에 엄격하게 구속되지 않고, 대신 여러 스타일이나 요소들을 선택적으로 사용했습니다.

다시 말해 여러 양식을 취향이나 필요, 유행에 따라 특별한 기준이나 원칙 없이 조금씩 모방하거나 변형하여 겉으로 보이는 형태에만 치중하고 고유성이나 창조성이 결여되어 있다고 볼 수 있습니다. 새로운 시대가 도래했지만 새 시대에 적합한 새로운 건축이 어떠해야 하는지 돌파구를 찾지 못한 당시 건축가들이 머무를 수밖에 없었던 정체기이기도 했습니다. 실제로 절충주의 건물들을 보면 단지 장식으로만 존재하는 부분들이 혼란스러워 보이거나, 때론 더 나아가 기괴하거나 우스꽝스러워 보이는 느낌도 받을 수 있습니다.

이런 시대를 비판하며 스스로 변화를 주도한 건축가들이 있는데요. 헨드릭 페트루스 베를라헤Hendrik Petrus Berlage, 1856~1934, 빅토르 오르타Victor Horta, 1861~1947, 앙리 반 데 벨데Henri van de Velde, 1863~1957를 대표 인물로 꼽을 수 있습니다.

네덜란드의 건축가 헨드릭 페트루스 베를라헤는 장식을 최소화한 설계와 재료의 기본 특성을 살리는 디자인함으로써 네덜란드의 근대 건축에 큰 영향을 미쳤습니다. 그는 취리히에서 건축을 공부하고 3년 동안 유럽을 여행한 뒤 1889

베를라헤의 (구)암스테르담 증권거래소(1896~1903)

년 암스테르담에 건축설계사무소를 열었습니다.

베를라헤는 건축 공부를 하는 동안, 건축가이자 예술비
평가로서 교수였던 고트프리트 젬퍼 Gottfried Semper, 1803~1879
에게 사사했습니다. 젬퍼는 건축의 성립요인을 목적, 재료,
구조로서 설명하고 건축적 형태의 상징임을 주장했는데, 젬
퍼의 철학을 이어받은 베를라헤는 목적에 적합한 공간, 재
료의 특성에 맞는 구조를 강조했습니다. 베를라헤의 가장
유명한 작품 중 하나는 (구)암스테르담의 증권거래소1903 입
니다. 이 건물은 당시의 전통적인 르네상스 양식이나 고딕

양식을 따르지 않는 수수한 벽돌 건물입니다. 베를라헤는 옛 기념물과 오늘날의 건물을 구분하는 특질이라 할 수 있는 것은 '잔잔함'이라고 말했습니다.

베를라헤는 외벽을 최대한 평평한 면으로 처리합니다. 창이나 입구 등 개구부의 형태로 인한 입체감 외에는 동적인 느낌을 절제했습니다. 탑조차도 다른 매스에 비해 돌출해 있거나 들어가지 않은 채 같은 면을 유지합니다. 형태적 역사주의에 편승하기보다 필요와 건물의 목적에 맞는 공간을 조성하는 데 집중하면서 구조용 강재와 벽돌을 사용하여 재료의 정직함을 강조합니다.

이 건물의 또 다른 특징 중 하나는 이중 유리창으로 만들어진 지붕인데요. 건물에 자연 채광을 풍부하게 제공하며 건축적으로도 독특한 디자인을 보여줍니다. 또한 건물 내부 재료로 석재, 목재, 철뿐만 아니라 다양한 종류의 윤곽을 가진 벽돌을 사용하여 그 어우러짐이 매력입니다.

빅토르 오르타는 벨기에 건축가입니다. 아르누보 양식Art Nouveau 의 건축을 대표하는 건축가로 여깁니다. 아르누보 양식은 1880년경에서 1890년경 사이에 벨기에 브뤼셀을 중심으로 새로운 예술운동이 일어나면서 유럽 전역에 영향을 미쳤습니다. 왜 벨기에 브뤼셀이였는지에 대해 이야기하겠습니다.

첫째, 벨기에는 유럽 대륙에서 공업화가 급속도로 이루

어진 나라였습니다. 산업혁명으로 부작용이 심각해지면서 벨기에의 지식인과 예술인들 사이에서 문제해결을 위해 성찰과 변화의 목소리가 커지기 시작합니다.

둘째, 브뤼셀은 당시 전통적인 예술 방식을 고수하는 왕립아카데미 예술에 반대하는 신흥 예술가들을 환영하는 유일한 도시였습니다. 쇠라, 세잔, 반 고흐, 로댕, 드뷔시, 베르헤렌 등 지금은 존중받는 대가들입니다. 하지만 당시에는 대중들에게 경시되고 설 자리를 찾기 힘들었던 화가, 조각가, 음악가, 시인 등입니다. 수많은 예술가들이 브뤼셀에 초대되어 전시회나 토론, 강연회를 열고 새로운 잡지를 창간하며 예술이라는 이름으로 행해지는 역사주의와 고정관념에 저항하는 활동을 이어갔습니다. 물론 대중 취향은 아니었지요. 그러나 '틀을 깨면 젠틀하다'고 시대를 바꾸어나가는 새로움을 향한 움직임이 브뤼셀에서 힘을 얻었습니다.

이러한 움직임은 국가별로 독특한 스타일로 발전하여 벨기에와 프랑스에서는 아르누보, 네덜란드에서는 니에베 쿤스트Nieuwe Kunst, 이탈리아에서는 스틸 리베르티Stile Liberty, 독일에서는 유겐트스틸Jugendstil, 미국에서 혹은 여러 갈래의 근대 예술운동을 통칭하여 부르는 광의의 모더니즘Modernism 등 다양한 이름으로 알려져 있습니다. 이들은 공통적으로 철, 유리, 새로운 금속 가공 기술 등을 활용하면서도 시대를 잠식하는 기계문명에 반대하여, 주로 자연에서 영감을 받아 곡선과 꾸밈이 풍부한 형태를 추구하면서도 현대성과 신비로움이 어우러진 분위기를 표현하고자 했습니다.

빅토르 오르타는 이런 사회적 배경을 가진 브뤼셀에서 태어났습니다. 어린 시절에는 삼촌의 건설 현장에서 일하면서 건축에 대한 관심을 키웠습니다. 이후 헨트 예술학교에서 회화, 직물, 건축을 전공했으며 1878년에는 파리 몽마르트르에서 건축가 겸 디자이너로 일했습니다. 1880년에 아버지의 사망으로 벨기에로 돌아와 브뤼셀 왕립미술학교에 입학하였고, 그 후 알폰스 발라Alphonse Balat의 제자가 되어 국왕 레오폴 2세의 왕실 건축가로 근무했습니다. 1885년부터는 독립하여 직접 건축 프로젝트를 책임지며 설계를 이어갔는데요. 이때부터 주목을 끌기 시작한 그의 디자인은 곡선 형태와 철과 유리의 사용으로 유명합니다. 1892년부터 1893년까지 아르누보 양식으로 지어진 최초의 건물인 타셀 저택Hôtel Tassel을 설계하였습니다.

당시 브뤼셀의 전통적인 주택들은 폭이 좁은 대신 깊이가 깊은 형태였습니다. 길을 접하고 있는 좁은 정면에 현관과 계단이 있고 실내로 들어가면 깊이 방향으로 방이 이어졌습니다. 이 경우, 현관 쪽에 면한 방과 제일 깊이 있는 쪽 마지막에 위치한 방 외에는 창문을 가질 수 없는 구조입니다. 대부분 식당으로 사용되는 공간은 매우 어두운 단점이 있습니다.

타셀 저택에서 오르타는 이러한 전통적인 평면 구조의 채광 문제를 해결합니다. 사실상 세 개의 영역으로 분리된 집을 설계한 것입니다. 거리 쪽에 위치한 공간과 제일 깊은 쪽의 공간은 벽돌과 천연 석재로 이루어진 전통적인 건축 방식을 따르고, 그 두 공간의 가운데 공간을 강철 구조물로 제작하여 연결했습니다. 그리고 가운데 공간의 지붕은 유리로 덮어 자연광을 받게 한 것이지요. 이 공간은 다양한 방과 층을 연결하는 계단과 작은 응접 공간도 포함하고 있는데

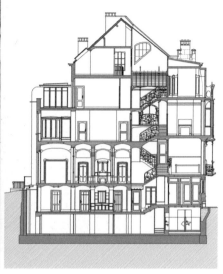

오르타의 타셀 저택(1892~1893),
현재는 오르타 박물관으로 사용된다.

타셀 저택 단면, 계단 공간을 기준으로
전체 건물은 세 부분으로 나뉜다.

필요에 따라 손님을 맞이할 수 있었습니다.

오르타는 전통 주택의 고질적인 채광 문제를 건축적으로
해결한 것뿐만 아니라 내부 디자이너로서도 기술을 최대한
발휘했습니다. 그는 문손잡이, 목재 작업, 스테인드글라스
창문, 모자이크 바닥 및 가구와 같은 모든 세부 사항을 디자
인했습니다. 그의 디자인은 유려하고 섬세한 곡선이 돋보
이는 아르누보 스타일로, 화려한 장식을 통합하면서도 건축

타셀 저택 계단 공간
섬세한 아르누보 양식이 특징이다.

구조의 문제를 해결하는 선구적 사례를 남겼습니다.

마지막으로 살펴볼 인물은 앙리 반 데 벨데입니다. 앙리 반 데 벨데는 빅토르 오르타와 같은 벨기에 출신의 예술가 및 디자이너로, 벨기에 안트베르펜에서 태어나 브뤼셀에서 활동한 현대 디자인과 아르누보 스타일의 선구자 중 하나입니다. 그는 프랑스 파리에서 인상주의와 신인상주의 작품을 연구하며 미술 교육을 받고 화가로 커리어를 시작했으며,

20명의 벨기에 화가, 디자이너, 조각가로 구성된 그룹으로 브뤼셀의 변호사이자 출판가, 기업가인 옥타브 마우스Octave Maus가 1883년에 결성한 레벵Les XX, The 20의 회원으로 활동했습니다.

레벵 그룹은 10년 동안 매년 전시회를 개최하면서 다른 나라의 화가들도 적극 초대합니다. 이 때 초대된 화가로는 카미유 피사로1887, 1889, 1891, 클로드 모네1886, 1889, 조르주 쇠라1887, 1889, 1891, 1892, 폴 고갱1889, 1891, 폴 세잔1890, 빈센트 반 고흐1890, 1891 회고전 등이 있습니다. 반 데 벨데는 특별히 네덜란드 화가 빈센트 반 고흐의 작품을 관람하면서 예술적 영감을 많이 받았습니다.

앙리 반 데 벨데는 절충주의 건축이 팽배했던 19세기 말의 상황을 가장 맹렬히 비판했던 사람들 중 한 명이었습니다. 그는 화가에서 건축가로 전향하여 예술활동의 영역을 삼차원의 공간으로 확장하면서 당대에 존재하는 모든 사물과 공간의 형태에 대해 문제를 제기하였습니다. 건축은 물론 가구, 식기류, 조명 등 일상의 모든 것들이 산업화의 어두운 그늘 아래 추함을 피할 수 없게 되었다며, 성찰과 문제 해결을 위한 촉구했고 그 스스로 앞장섰습니다.

반 데 벨데는 '형태의 허위Mensonge des Formes'를 극도로 혐오했습니다. "나의 아내와 가족들을 '비도덕적' 환경에 방치할 수 없다"라고 말하며 가족을 위한 주택을 직접 설계하고 실내 디자인과 가구는 물론 주택의 식탁 철물부터 문손 잡이까지 집 안에 들어가는 모든 것을 스스로 디자인하기도 했습니다.

반 데 벨데가 직접 설계한 주택은 브뤼셀 근교 위클이라는 지역에 위치하며 '화원'이라는 뜻의 블루멘베르프 Bloemenwerf로 알려져 있습니다. 이 주택은 반 데 벨데가 추구했던 예술 철학과 디자인 작업을 통합하고 있습니다. 주택의 형태는 영국의 예술공예운동을 이끈 윌리엄 모리스가 디자인한 '레드하우스'에서 영감을 받았습니다. 예술공예운동은 19세기 말에서 20세기 초 영국에서 산업화에 반발하며 수작업과 손으로 만들어지는 제품을 강조했던 운동입니다.

예술공예운동은 아르누보와 유사하면서도 차이가 있는데요. 예술공예운동이 고품질의 재료를 사용하고 소재의 특성을 최대한 살린 수공예의 가치, 자연의 형태와 조화를 중시했다면, 아르누보는 금속, 유리, 도자기 등 다양한 재료와 근대 기술에 호의적이었고 고요한 아름다움과 자연의 형태를 강조하면서도 실용성과 예술성을 조화시키는 방향으로 발전했습니다. 그러나 두 흐름 모두 산업혁명이 낳은 왜곡된 형태에 혼을 담으려 했다는 점은 공통적입니다.

윌리엄 모리스의 레드하우스는 외관에서 중세시대의 분위기를 강하게 풍깁니다. 빅토리아 시대의 산업자본주의가

블루멘베르프
주택

추구하는 가치들에 저항하는 한편, 중세시대의 가치와 공동
체 의식을 중시하면서도 동시에 19세기 사회문제에 대해 사
회주의적인 관심을 보인 모리스의 철학이 건축적 형태로 드
러났습니다. 블루멘베르프 주택은 건축 형태적으로는 레드
하우스와 상당 부분 교감하는 부분을 안고 있으며, 단지 유
행이나 권위가 있다고 대중적으로 통용되는 고전주의나 절
충주의를 따르지 않는 자유로운 디자인입니다. 결론적으로
이 주택은 반 데 벨데가 주장하는 예술에 있어서의 진보와
개혁 정신을 반영한 것입니다.

혼란스럽고 변화하는 시대에 갈피를 잡지 못하던 19세기
후기. 시대를 돌파하는 선구자들의 정신과 그들의 디자인은
21세기에 와서도 영감을 줍니다. 미국 그래픽 아티스트 바
바라 크루거의 대표작 〈나는 쇼핑한다. 고로 존재한다I shop

바바라 크루거, 〈나는 쇼핑한다. 고로 존재한다〉(1987)
비닐에 스크린 프린트, 125×125cm
사진: krossbow(CC BY 2.0)

Therefore I am 〉는 소비의 행위로 존재를 확인한다는 문구로
현대인의 소비지향의 삶을 꼬집습니다. 대량생산되어 쏟아
지는 수많은 종류의 물건들, 혹은 전통이라는 이름으로 존
재하는 과거의 것을 관습적으로 모방하고 재현하는 형태의
사물들, 혹은 창작이라는 장르로 이해 너머 기이함으로 존
재하는 오브제들. 넘쳐나는 이미지와 사물들 가운데 오늘은

어떤 가치를 사고팔고 있나요?

"무엇을 사느냐, 나아가 어떤 물건들에 둘러싸여 살아가고 있느냐?"

물질이 곧 우리의 존재를 드러내는 상황이라면 만물의 형태와 의미와 가치를 의심하고 다시 생각해봐야 한다는 19세기의 명제입니다. 예술가들의 외침이 내 목소리입니다. 오늘도 안일하게 졸다가 뜨끔하며 깨어납니다.

7장

근대 건축과 예술

20세기와
신건축운동

20세기에는 산업화와 자본주의가 무척이나 발전합니다. 예술에서도 큰 변화와 혁신이 일어났습니다. 이 시기에는 새로운 예술적 비전과 사회변혁의 가능성을 탐구한 입체파와 미래파 같은 예술운동이 등장하였고, 형식적 추상화와 기술적 이상화의 경향이 나타나게 되었습니다. 건축과 디자인에서도 큰 변화가 있었습니다. 독일 바이마르 시대의 예술가들은 물건이나 사물의 본질적인 특성으로서 어떤 것이 가지고 있는 고유한 특성, 기능 또는 목적, 객관적이고 사실적인 특성을 강조하는 즉물성Sachlichkeit, 더 나아가 무엇인가를 설계하거나 사용할 때 그 목적을 달성하기 위해 필요한 기능과 효율성을 강조하는 합목적성Zweckmäßigkeit 을 원칙으로 당시의 신건축Das neue Bauen 운동을 주도했습니다. 신건축운동은 '과학과 테크놀로지의 진보'를 보여주는 것으로 여겨져 이 시대에서 '가장 희망찬 것들' 중 하나로 평가되었습니다.

신건축운동은 1932년 MoMA 뉴욕현대미술관에서 개최된 '근대건축: 국제전시 Modern Architecture: International Exhibition' 전시를 통해 미국에 소개됩니다. 이 전시에서 건축사학자 헨리 러셀 히치코크와 건축 부문 초대 큐레이터 필립 존슨은 1920년대 신건축운동을 주도한 주요 건축가들을 다룹니다. 여기에는 그로피우스 W. Gropius, 르 코르뷔제 Le Corbusier, 1887~1965, 미스 반 데어 로에 L. Mies van der Rohe, 1886~1969 가 포함되었습니다.

동시에 히치코크와 존슨은 전 세계 약 40명에 이르는 건축가들의 작품을 소개하며 근대건축 범주 아래 나타나는 건축의 다양성을 보여줍니다. 1932년 2월 10일 뉴욕현대미술관의 헥셔 Heckscher 빌딩에서 열린 이 전시회는 총 6주 동안 이어졌으며, 이 기간 동안 약 33,000명의 관객이 이 전시회를 관람했습니다. 이 전시는 미국 전역을 돌며 6년 동안 투어를 하였습니다. 미국 최초로 건축을 주제로 한 '순회전'이었습니다.

히치코크와 존슨은 이 전시회의 도록에서 국제주의 양식을 정의했는데요. 장식을 배재한 사회적 경제성, 구조설계와 시공의 낭비를 줄이는 구성적 경제성, 형태적 엄격함과 금욕적 형태를 통한 보편적 객관성을 갖는 양식적 경제성을 강조합니다. 특히 고전적인 비례와 질서를 따르는 기하학적 입방체를 통해, 현대 산업문화의 국제적인 특성과 보편성을 대표하는 기계미학을 창조하는 데 중점을 둔 건축 양식으로 소개합니다. 수평으로 긴 창문, 평평한 지붕, 비구조적 칸막이벽, 그리고 단순한 색상 등과 같은 건축 요소들의 반복적 등장을 특징으로 삼아 범주화함으로써, 이 전시회는 국제주의 양식을 건축에서 새로운 '스타일'로 확립하였습니다.

국제주의 양식이 전에 없던 건축 양식으로 자리 잡긴 했지만 비판도 많았습니다. 비판의 대부분은 국제주의 양식이 지나치게 의도적으로 표현을 절제하고 보편성을 강조함에 따라, 인간과 지역 혹은 자연의 교감을 통해 건축으로 드러나게 되는 구체적인 표현 요소들이 배제되고 장식성 또한 완전히 부정되는 결과를 낳는다는 것이었습니다. 구체성혹은 지역성이 사라진 건축은 세계 어디에서나 건축을 천편일률적으로 만든다는 뜻입니다. 이 같은 비판에도 불구하고 국제주의 양식의 강점인 경제성, 실용성, 기능성은 자본주의가 추구하는 가치들과 합쳐져, 이 건축 경향은 세계 각 지역으로 빠르게 확산되며 근대건축을 대표하게 되었습니다. 이장에서는 근대 건축의 주요 건축가로 빠지지 않는 그로피우스와 그가 이끈 근대의 대표적인 예술 교육기관 바우하우스 Bauhaus, 르 코르뷔제, 미스 반 데어 로에를 차례로 알아보며 근대 건축과 예술의 흐름과 정신을 살펴보겠습니다.

바우하우스:
삶의 흔적으로서 건축
그리고 디자인

　건축이나 디자인을 모르는 분이라도 바우하우스라는 이름을 어디선가 한 번쯤은 들어보셨을 겁니다. 바우하우스는 1919년부터 1933년까지 14년 동안 존재했던 학교입니다. 1919년에서 1925년까지 독일 바이마르에서 운영되다가 1925년에서 독일 데사우로 이전했으며, 이후 교육을 지속하다 나치 정권에 의해 1933년 폐교되었습니다.

　운영 기간은 짧습니다. 그러나 근현대 디자인의 역사에서 바우하우스의 위상은 독보적이라 할 수 있습니다. 저마다 다를 수 있겠지만, 그중에서도 건축과 관련하여 '바우하우스' 하면 제일 먼저 상기하는 것 중 하나는 발터 그로피우스가 설계한 바우하우스 건물일 것입니다.

　독일 데사우에 자리한 바우하우스 캠퍼스는 학습관과 학생 기숙사, 극장, 공용공간, 마이스터라는 호칭의 교수들이 거주한 주택 군으로 이루어져 있습니다. 중심 건물은 단연 학습관입니다. 직사각형을 이루고 있는 유리가 가장 먼

독일 데사우 소재 바우하우스

저 눈에 들어오고, 그 위아래로 가늘고 긴 수평의 하얀 콘크리트가 선을 그립니다. 모든 공간은 비대칭적으로 결합되는 가로 세로의 격자를 이루는 입체들로 연결되어 있습니다. 이들이 이루는 비례는 균형미가 돋보여서 위에서 내려다보았을 때 마치 구성주의 회화 작품처럼 보이기도 합니다.

어디 이뿐인가요. 바우하우스 캠퍼스 인근 작은 숲속에 자리한 마이스터교수들을 위한 주택은 사회적으로 당면했던 주택 문제에 대한 하나의 해결안으로서 당대의 미적 감수성 마저 충만합니다. 본관의 부속 건물인 마이스터 주택은 학교의 상징적인 지위를 가지고 있지는 않았지만, 그들 나름 대로 이 주택들은 독특한 실험이었습니다. 장식 없이 평평한 수직 벽은 흰색 페인트로 도장했고 창틀이 없기에 건물의 선들은 더욱 예리하게 돋보입니다. 콘크리트 차양과 평지붕이 수직 벽과 이루어내는 입체들의 균형미는 당대 바우하우스가 추구했던 모더니즘의 가치를 가감 없이 전달합니다.

그로피우스는 이들 마이스터 주택을 통해 현대의 집이 어떠해야 하는지, 그리고 현대인들이 어떻게 살아야 하는지를 고민했습니다. 그는 "집의 전체 디자인을 해당 형태로 만드는 것은 살고, 자고, 목욕하고, 요리하고, 먹는 것과 같은 기능이다. 중략 디자인은 디자인 그 자체로 존재하는 것

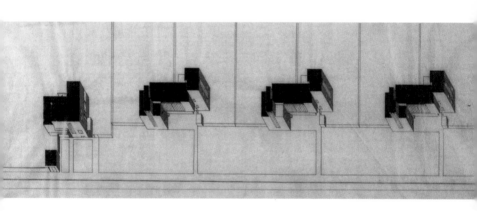

그로피우스의 바우하우스 마이스터 주택
아이소메트릭(1925)

이 아니라, 건물의 특성, 즉 건물이 완수해야 할 기능에서 나온다."[1] 라고 생각했습니다. 이 주택들은 콘크리트 블록과 같은 대량 생산재를 사용하여 1년만에 지어졌는데, 당시 그로피우스는 전후 주택 부족 문제를 염두에 두고 조립식 건축 아이디어를 실험합니다.

각 주택의 구조는 '대규모의 건물 세트'라는 개념을 바탕으로 기본이 되는 입방체를 변형한다는 단순함을 특징으로 합니다. 유사하면서도 서로 다른, 건축에서의 변화와 리듬을 감지할 수 있습니다. 길버트 루퍼Gilbert Lupfer 와 파울 지겔Paul Sigel 이 《그로피우스 1883~1969》2004[2] 에서, 바우하우스의 마이스터를 위한 주택들은 그로피우스의 '건물 블록 원리Baukasten Im Großen '를 실용적으로 실험해보는 역할을 수행했다고 주장합니다. 또한 건물 블록 원리는 거주자의 수와 필요에 따라 서로 다른 '삶을 위한 기계'를 조립할 수 있게 함을 그 목적으로 했습니다.

그로피우스는 모두는 동일하면서도 서로 다른 인상을 가진 건물들을 만들었습니다. 그에게 모듈을 기반으로 하여 증식할 수 있게 하는 단순화 과정은 더 빠르고 더 저렴한, 그리하여 더 나은 구축 방식을 의미했습니다. 그러나 데사우에 바우하우스 캠퍼스가 새롭게 조성되어 상기와 같은 근대 건축 실험들을 볼 수 있게 되기까지는 바우하우스 설립부터 여러 차례에 걸친 변화의 지점이 존재했습니다. 바우하우스가 거친 전환점들은 당시 독일 국내외의 정치 사회 경제적 상황과 맞물려 있습니다.

1914년에서 1918년까지 있었던 제1차 세계대전 후 독일 제국이 붕괴되었습니다. 그에 따라 바이마르 공화국이 설립되었고, 이듬해 바이마르 공예학교와 바이마르 미술학교가 병합되면서 바이마르에서 '국립 바우하우스 바이마르'가 설립되었습니다. 데사우에서의 바우하우스를 보다 더 깊이 있게 이해하기 위해 바이마르에서의 바우하우스 초기 교육과정을 살펴보는 것이 필요합니다.

"장인과 예술가 사이에 오만한 장벽을 만드는 계층의 구분이 없는 새로운 제조자 커뮤니티" 발터 그로피우스, 1919

1919년 개교한 바우하우스의 초대 교장으로 취임한 그로피우스는 제1차 세계대전으로 위협받은 인간 정서와 본질을 '장인과 예술가 사이에 오만한 장벽을 만드는 계층의 구분이 없는 새로운 제조자 커뮤니티'로서의 바우하우스를 통해 회복하고자 했습니다. 이러한 교육의 방향성은 당대 강조된 자유의지론, 독일 표현주의의 고딕 예술, 신비주의 영성과 결합하며 독특한 커리큘럼으로 드러났습니다. 이 가운데 마이스터, 다시 말해 교수 중 한 명이었던 요하네스 이텐Johannes Itten, 1888~1967 의 영향이 크게 두드러졌습니다.

요하네스 이텐, 1920
사진: Paula Stockmar(CC BY-SA 3.0)

영화 〈엑스맨〉 뮤턴트 스쿨 교장이 떠오르는 이텐은 1919년 바이마르 바우하우스에 마이스터로 부임하여 1923년까지 바우하우스에 재직했습니다. 당시 바우하우스의 교육 방향과 같이 이텐은 공예와 미술 사이의 전통적인 구분을 지워야 하며, 나아가 제1차 세계대전을 야기한 전통적 사고방식을 극복할 필요가 있다고 믿었습니다. 이를 위해 학생들이 세상을 새롭게 보도록 격려하는 '배우지 않음 Unlearning' 또는 '탈교육 Deschooling' 운동에 학생들을 참여시킵니다.

수업 중 일부는 촉각과 색채 감각, 공간과 구성감각을 깨

**이텐 수업에 참여하며 옥상에서 '배우지
않음(Unlearning)' 수업 중인 학생들, 1931**
사진: https://arthistoryteachingresources.org/

우기 위해 재료와 형태에 대한 반복적인 탐구로 몇 달에 걸
쳐 지속되기도 했습니다. 조로아스터교에서 부분적으로 영
감을 받은 건강운동 마즈다즈난의 추종자이기도 했던 이텐
은, 이 과정에서 마음과 감각을 열기 위한 방법론적 접근으
로 엄격한 채식주의, 단식, 호흡법 등을 교수법에 포함하여
논란을 일으켰습니다. 열렬한 학생 추종자들에게 그는 으깬
채소를 마늘과 섞어 만든 일종의 죽과 명상을 처방했는데,
학생들 중 일부는 이 엄격한 식단에 적응하지 못하고 일반
죽을 달라고 식단을 거부하기도 했으며, 건물 내부에 진동

하는 마늘 냄새로 인해 방문객들과 일부 다른 교수들이 항의했다는 웃지 못 할 에피소드도 전해집니다.

전쟁 이후 국내외로 경제적·정치적 압박을 받고 있던 독일의 상황에서 논란거리가 되는 바우하우스의 교육 방침과 이로 인해 조성된 비영리적·자기중심적 교내 분위기는 지방정부의 지원을 이어나가기에 불리했습니다. 학교 교육이 경제적·실용적 가치가 떨어지고, 정치적 성향으로도 급진 좌파 사회주의자와 볼셰비키파의 온상이 될 수 있다는 우려가 있었습니다. 그래서 그로피하우스는 정치적 비난의 타깃이 되었던 바우하우스에 대한 지방정부의 투자가 타당하다는 것을 증명하고 정치적 비난을 피하기 위해서 변화가 필요하다는 판단을 내립니다.

1923년 이텐은 바우하우스를 떠납니다. 그가 설파했던 신비주의적 철학과 교육방식은 이제 '공예와 미술, 그리고 기술의 결합'이라는 그로피우스의 새로운 슬로건으로 대체됩니다. 공예와 미술에 기술이 통합되면서 바우하우스의 교육과정에는 엄격함과 합리성이 도입되고, 이텐을 대신할 교수로는 구성주의 이데올로기를 표방한 예술가 라슬로 모호이너지 László Moholy-Nagy가 물망에 오릅니다. 그로피우스는 모호이너지에게 교수직을 요청했고, 이를 수락한 모호이너지는 바우하우스의 예비 과정을 책임지게 되었습니다.

바이마르에서의 초기 바우하우스는 표현주의와 수공예

모호이너지가 디자인하고
바우하우스 교내 출판사가
출판한 책 표지(1925)

에 가까웠습니다. 그러나 1923년, 모호이너지가 부임한 이
후에는 예술과 산업을 위한 만남의 장으로 재정립됩니다.
모호이너지는 아방가르드에 열정을 보였고 인쇄 디자인에
관심을 두고 있었으며, 구성주의 예술과 사진, 포토몽타주에
재능을 보인 예술가였습니다. 그는 바우하우스 교내 출판사
의 시각적 정체성 확립을 위해 원, 사각형, 삼각형과 같은 기
하학적 기본 도형을 결합한 디자인을 선보이며 학교의 외부
이미지 확립에도 적극적으로 참여했습니다. 모호이너지는
바우하우스에서 1923년부터 1928년까지 교직을 이어갔습
니다. 그의 리더십은 바우하우스가 대중적으로 호의적인 이

미지를 유지하는 데 기여했고, 그 과정 가운데 그 자신도 구성주의 예술의 주요 인물 중 한 명으로 국제적으로 인정받았습니다.

1925년, 바우하우스는 데사우로 이전합니다. 제1차 세계대전 이후 극심한 인플레이션과 대량 실업사태를 거치며 우경화되어 가던 독일이 전쟁 배상금을 체불하는 사태가 발생하면서, 바우하우스에 대한 경제적 지원을 대폭 삭감하는 일이 벌어집니다. 그로피우스는 학교장으로서의 계약 만료와 더불어 독일 정부의 정치적 지원도 철회하겠다는 통보를 받게 되며 바우하우스는 다시 위기를 맞습니다.

이때 미국의 도움으로 독일 정부가 재기하게 되면서 그로피우스에게 또 한 번의 기회가 주어집니다. 독일 지방 곳곳의 산업 중심 도시들이 바우하우스를 자기 지역에서 새롭게 이어가 보지 않겠느냐 제안했던 것입니다. 새로운 캠퍼스를 조성하기 위해서는 풍부한 건축 경험이 필요했고, 바우하우스와 그로피우스는 이를 충족할 수 있었습니다. 그리하여 1925년 바이마르에서 멀지 않은 데사우에 바우하우스는 새로운 터전을 마련했으며, 1933년 정치적으로 입지를 다진 아돌프 히틀러가 바우하우스를 폐쇄하기 전까지 교육을 지속합니다.

1928년 그로피우스는 바우하우스에서 건축 일을 그만두고 베를린에서 새로운 경력을 시작했습니다. 그런데 그로피우스가 떠나고 어수선한 틈에 공산주의를 지지하고 급진적인 성향을 가진 학생들이 바우하우스의 분위기를 주도하게 되면서, 바우하우스를 지지하던 데사우 정치인들은 이러한 상황에 대해 불만을 표시했습니다. 데사우 정치인들은 그로피우스에게 학교 내부 질서를 회복하고 명성 있는 새 학장을 찾는 데 도움을 청했으며, 그로피우스는 미스 반 데어 로에를 추천했습니다. 그 결과, 1930년에 미스 반 데어 로에가 새 학장으로 선임되었습니다. 미스 반 데어 로에는 이미 그 당시에 현대 건축의 선구자로서 전 세계적으로 명성을 쌓았습니다. 1929년 바르셀로나 만국박람회에서 건축한 독일 전시관은 그의 추상주의 운동의 요소를 담고 있었으며, 바우하우스의 학장이 된 이후 그의 입지는 더욱 강화되었습니다.

그러나 바우하우스에게 가장 악독한 적은 아돌프 히틀러였습니다. 히틀러는 현대 미술과 지식인들을 증오하고 바우하우스를 혐오했습니다. 그의 정치적 영향력이 강화되면서 1933년 히틀러는 바우하우스를 폐쇄하는 결정을 내립니다. 이후 1937년 히틀러는 '퇴폐예술Entartete Kunst' 전시를 개최하여 바우하우스와 관련된 예술가들을 혐오한다는 메시지를 전했습니다. 이 전시를 위해 히틀러는 친위대에게 1910년 이후에 만들어진 현대 미술 작품을 모두 수집하도록 명령합니다. 그런 다음 파울 클레, 바실리 칸딘스키, 라이어넬

파이닝어, 에른스트 루트비히 키르히너 등 작가들의 작품을 몰수하고 조롱적인 설명과 함께 파기합니다.

이후 제2차 세계대전이 일어납니다. 제1차 세계대전 당시 예술가와 지식인들은 군에 입대하거나 고향으로 돌아갔지만, 제2차 세계대전 시기에는 유럽을 떠나 모더니즘 정신을 갖춘 자유의 땅, 미국으로 향하게 됩니다.

바우하우스는 오늘날 '유럽의 모든 디자인과 건축 운동의 원천'이라 칭송받으며 아직까지도 전설적인 위상을 자랑합니다. 그러나 바우하우스가 대표하는 미니멀리스트 모더니즘의 엄격함, 건축을 포함한 새로운 예술과 디자인적 실험들은 '무無에서의 창조Creatio Ex Nihilo' 혹은 마법처럼 등장한 것이 아닙니다. 이들은 독일의 역사적 흐름 가운데 정치적·경제적·사회적·문화적으로 직면했던 삶의 상황들에서 만들어진 결과물로 존재합니다. 결국 삶의 흔적인 것입니다.

르 코르뷔제의
건축

르 코르뷔제Le Corbusier, 1887~1965는 1965년 8월 27일에 세상을 떠나기까지 건축 작업을 지속합니다. 그의 건축 작업은 질적으로 뛰어나며 양적으로도 풍부했습니다. 르 코르뷔제는 젊은 시절에 유럽 여행을 통해 각 지역의 문화와 건축 양식을 체험했으며 1907년에 파리로 가서 프랑스의 철근 콘크리트 선구자인, 오귀스트 페레Auguste Perret, 1874~1954의 사무실에서 일하면서 철근 콘크리트에 대한 연구를 시작했습니다. 이 경험이 그의 첫 저서인 《독일의 예술혁명에 대한 조사-비평서》[3]를 쓰는 데 영향을 미쳤습니다. 그 후 그는 오스트리아의 빈에서도 여러 아틀리에를 방문했으며, 오토 바그너의 제자 중에서도 유명한 요셉 호프만에게서 함께 일하자는 제안을 받았지만 받아들이지 않았습니다.

르 코르뷔제가 1910년 10월부터 1911년 3월까지 베를린 근교에 있는 건축가 페터 베렌스Peter Behrens, 1886~1940의 사무실에서 일한 경험은 그의 건축가로서의 경력과 영향력

르 코르뷔제, 1964

을 형성하는 중요한 부분 중 하나입니다. 이 기간 동안 그는 루트비히 미스 반 데어 로에, 그로피우스와 만났으며, 그들은 코르뷔제가 독일어를 익히는 데도 기여한 것으로 알려져 있습니다. 프랑스와 독일에서의 다양한 경험은 그의 건축적 시각과 스타일 형성에 영향을 미쳤고, 나중에 그가 혁신적이고 독창적인 건축작품을 만들어내는 데 도움이 되었습니다.

르 코르뷔제라는 이름은 그의 외할아버지의 이름을 변형한 것으로 자신을 재탄생시킬 수 있다는 믿음을 반영한 것입니다. 이 필명은 '까마귀 같은 자'로 해석되기도 하는데요. 이 시기에는 성명의 구분이 없는 하나로만 된 이름을 가지는 것이 유행했습니다. 르 코르뷔제 역시 이러한 유행에 따라 필명을 채택한 것으로 보입니다. 1918년부터 1922년까지의 기간 동안 르 코르뷔제는 건축 작업을 하지 않고 순수주의 이론과 회화에만 주력했습니다. 그러나 1922년, 파리의 세브르가 35번지 35 Rue de Sèvres, Paris 에 작업실을 연 르 코르뷔제는 건축 작업에 다시 착수하게 됩니다. 이후 그의 건축 작품은 혁신적이고 현대적인 스타일로 널리 알려지게 되었습니다.

르 코르뷔제의 초기 건축물은 전통적인 형태를 보이는 경우가 있었지만, 이후에는 그의 건축적 접근 방식이 크게 변화했습니다. 그는 모든 주택 건물에서 철근 콘크리트를 자신의 개념을 표현하는 수단으로 채택했습니다. 르 코르뷔제는 원래 스위스 출신이지만, 프랑스에 정착하고 1930년에는 프랑스 시민권을 획득하고 프랑스를 중심으로 활동을 이어갔는데요. 다른 유럽 국가들 중 일부는 철근 콘크리트를 우아하지 않고 무거워 보인다고 여기며 사용을 꺼렸지만, 프랑스는 철근 콘크리트 건축에 열려 있었기 때문에 자유로운 설계와 실험이 가능했습니다.

르 코르뷔제의 이론적 연구는 단일 가구를 위한 주택 모형들을 중심으로 발전합니다. 그 중 '시트로앙 주택 Maison Citrohan'은 프랑스의 자동차회사 시트로엥을 변형한 말장난으로, 르 코르뷔제가 주택에 적용하고자 했던 현대 산업의 방식들에 관한 실험을 나타냈습니다. 이 주택 모형은 자동차 생산방식처럼 저가로 대량 공급이 가능한 조립식 주택의 개념을 시범적으로 보여주었습니다. 시트로앙 주택은 햇볕을 쬘 수 있는 테라스가 지붕에 마련되어 있으며, 외부에는 계단이 설치되어 대지에서 2층으로 접근할 수 있도록 되어 있었습니다.

1922년 파리의 가을 살롱에서 르 코르뷔제는 이 프로젝트를 발전시킨 계획안을 소개하였는데, 이 안에서 계단은 벽 둘레 안으로 들어가 있습니다. 이 시기의 르 코르뷔제는 필로티Pilotis라는 개념을 아직 개발하지 못했기 때문에 주택은 벽으로 감싸져 있습니다. 거실은 복층 높이로 계획되었는데, 이는 당시 파리의 예술가와 화가들의 작업실에서 관습적으로 행해진 것처럼 커다란 산업 스타일의 창문을 통해 채광이 이루어지는 특징이 있었습니다. 이로써 르 코르뷔제는 현대 주택의 개념과 디자인에 대한 새로운 시도를 시도했습니다.

1927년, 르 코르뷔제는 근대 건축의 다섯 가지 특징을 발표합니다.

첫째, 필로티입니다. 르 코르뷔제는 건물의 지상 공간을 효율적으로 활용하기 위해 건물을 기둥으로 들어 올렸습니다. 이로써 건물 아래에 자유로운 공간을 만들어내고 주택의 개방성을 높일 수 있었습니다. 오늘날 지어지는 많은 건물에서 필로티 공간을 볼 수 있는데요. 그 시작이 르 코르

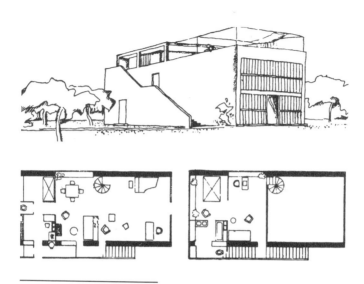

시트로앙 주택 계획안

뷔제입니다.

두 번째, 골조와 벽의 기능적 독립입니다. 과거 벽은 그 자체로 하중을 지지하는 구조재의 역할을 했으나 이제 건물의 하중 지지와는 무관하게 기능할 수 있게 되었습니다. 이것은 건물 디자인에 대한 큰 자유를 제공하며, 벽을 더 많은 창문과 개방적인 구조로 사용할 수 있게 했습니다.

셋째, 자유로운 평면입니다. 벽이 하중부터 자유롭게 되면서 르 코르뷔제는 칸막이 벽을 벽의 기능적 요소뿐만 아니라 표현적 요소로도 활용했습니다. 이를 통해 방들을 자유롭게 배열하며 '자유로운 평면'이 가능하게 되었습니다.

넷째, 자유로운 파사드입니다. 건물의 외벽이 구조적인 역할을 하지 않기 때문에 파사드에서도 자유로운 디자인이 허용된 것입니다. 마지막은 옥상 정원인데요. 르 코르뷔제는 옥상을 활용하여 정원을 만들었습니다. 이로써 주택의 주변 환경과 상호작용하면서 도시의 녹지 공간을 대체하고, 주택 주변 환경을 감상할 수 있는 공간을 제공했습니다.

이 다섯 가지 원칙을 종합한 대표 건축물이 사보아 주택 Villa Savoye, 1928-1931 입니다. 사보아 주택은 기둥 위에 올린 입방체 형태입니다. 이 입방체는 무겁고 고체한 질량이 아니라 가벼운 형태로 디자인되었습니다. 또한 채광을 위해 주택의 남서 및 남동 부분은 막힌 공간이 아닌 개방된 공간으로 남겨져 있습니다. 주택의 입구 홀은 북서쪽에 위치하며, 도로에서 건물로 진입할 때 주택의 남측 부분을 돌아야 합니다.

주택은 모든 방향으로 열려 있다고 볼 수 있습니다. 파사드Façade 나 전후면Front and Rear 의 개념이 없기 때문입니다. 거실 내부를 둘러싸는 수평으로 긴 창문은 외벽이 하중을 감당하지 않기에 가능한 근대 건축 구조 시스템의 혁신을 의미합니다. 자연광을 풍부하게 받을 수 있도록 설계된 이 창문은 공간을 밝고 개방적으로 만들어줍니다.

테라스를 향한 벽은 바닥부터 천장까지 유리로 되어 있어 외부 공간과 내부 공간을 자연스럽게 연결합니다. 이 유리벽은 또한 개폐가 가능하여 실내 공간을 확장할 수 있어

사보아 주택, 1928~1931년

실내에서 바라본 풍경, 옥상 정원으로
올라가는 램프가 보인다.

내외부 환경을 동시에 경험할 수 있게 합니다.

두 개 층에 걸쳐 설치된 램프는 한 부분은 내부에 위치하고, 다른 한 부분은 외벽을 따라 옥상 정원까지 연결되는데요. 공간의 상호작용과 연속성을 강조합니다. 램프는 그의 후기 작품에 이르기까지 주요한 건축 요소로 지속적으로 등장하는 공간 요소입니다.

르 코르뷔제의 사회적 관심은 대규모 프로젝트에도 적용됩니다. 당시 도시에는 노동자들이 밀집하여 사는 빈민가가 많았습니다. 이들의 열악한 주거 문제를 해결하기 위해 그는 여러 가지 아이디어를 제안합니다. 르 코르뷔제는 1925년 자동차 제조업체의 후원을 받아 전시한 부아쟁 계획 Plan Voisin 에서 높은 건물을 통해 주거 공간을 확장하고 수직적으로 최대한 활용하려는 아이디어를 제시했습니다. 이를 통해 주거 공간을 효율적으로 확보하고 빈민가에 한정된 땅을 보다 효율적으로 활용할 수 있었습니다.

그는 주택의 구성 요소를 모듈화하고 표준화하여 대규모로 생산하고 조립할 수 있는 방법을 모색했습니다. 이로써 주택 건설비용을 절감하고 많은 사람들에게 저렴한 주거를 제공할 수 있었습니다. 르 코르뷔제는 도시계획 측면에서도 혁신적인 아이디어를 제시했습니다. 그는 도심에 자동차 도로를 도입하고 도로와 주거지역 사이에 공원을 마련하여 도시 환경을 개선하고 녹지 공간을 제공하는 방안을 제안했습

부아쟁 계획 모형(1925)

니다. 그의 주택 디자인은 현대적이고 기능적이었습니다. 작은 아파트나 주택도 최대한 기능적으로 활용하도록 설계되었으며, 생활 편의성을 고려한 디자인이었습니다.

　이러한 아이디어를 모아보면 익숙한 뭔가가 떠오르지 않나요? 저는 아파트가 많은 요즘 도시가 떠오르는데요. 프랑스의 정치인과 기업인들은 르 코르뷔제의 혁신적인 디자인 아이디어에 호의를 갖기도 했지만, 그의 계획에 대해 비판과 경멸을 표현하기도 했습니다. 많은 사람이 한 건물에 사는 사회적 집합주택의 개념이 익숙하지 않았기 때문입니다. 그럼에도 불구하고 이러한 계획은 도시의 협소하고 불결한 환경에 대한 대응책으로 논의되며 1930년대에 '빛나는 도시'라는 이름으로 공식화되었습니다. 르 코르뷔제의 안에 따르면, 주거는 경제적 위치가 아닌 가족 규모에 따라 배정되었습니다. 르 코르뷔제는 도시계획위원회에 참여하여 다양한 도시들을 위한 설계를 수행했습니다. 또한 제2차 세계대전 이후에는 여러 주거단지를 계획하여 작은 규모의 도시 계획을 실현하려고 했으며, 그 중에서도 마르세유의 위니테 다비타시옹Unité d'Habitation은 가장 유명한 사례 중 하나입니다.

위니테 다비타시옹은 약 1,600명이 한 지붕 아래에 거주할 수 있는 주택 디자인입니다. 르 코르뷔제는 다양한 주거 단위를 고려하여, 원룸부터 8명 가족을 위한 집까지 총 337세대를 23가지 유형으로 나누어 제안합니다.

쇼핑센터도 건물 내부 중간층에 배치하여 주거지 내에 상가 시설을 마련했습니다. 이 상가에는 식료품 가게, 야채 가게, 정육점, 생선가게, 세탁소, 청소대행소, 헤어살롱, 신문 판매소, 우체국, 카페테리아, 호텔 객실 등이 포함됩니다. 17층에는 150명의 어린이를 수용할 수 있는 탁아소가 있으며, 수영장과 어린이들을 위한 놀이시설이 있는 옥상에는 경사로로 연결되어 있습니다. 어린이들은 직접 벽화를 그릴 수 있는 기회를 가졌습니다.

위니테 다비타시옹은 조형성 측면에서도 독특한 특징을

위니테 다비타시옹 옥상

위니테 다비타시옹

위니테 다비타시옹 내부

거칠게 마감되어
콘크리트 표면 질감이
특징이다.

가지고 있습니다. 이 건물은 일반적인 철근 콘크리트 건물의 경직성을 벗어나, 모든 부분이 생활과 함께 유기적인 골조로 변화시켰다는 평가를 받습니다. 건물의 파사드는 거친 콘크리트 표면으로 처리되었지만 부분적으로 밝은 색상을 활용했는데, 이러한 색상은 주로 발코니 측면 벽에 사용되어 직접적으로 도색된 것이 아니라 간접적으로 밝은 색조를 전달하도록 칠해졌습니다. 이 건물에 적용된 콘크리트 처리 방식은 나중에 영국에서 '뉴 브루탈리즘New Brutalism'이라는 건축 조류의 등장에 영향을 미쳤습니다.

하지만 르 코르뷔제는 비난의 대상이 되기도 했습니다. 비난은 주로 건축의 보편화 혹은 표준화에 따른 획일적 공간의 양산을 문제시했던 탈근대주의자들이 주도했습니다. 표준화를 폭발적으로 성장하는 도시의 주거문제를 해결할 수 있는 열쇠로 생각했던 르 코르뷔제의 생각은, 근대 자본주의와 국제주의 경향에 저항하며 탈근대를 외치는 이들에게 비난받았습니다.

물론 그가 발표한 여러 도시계획안은 도시를 몇 가지 구성 요소로 이루어진 구조물로 환원시켰다는 비판을 피할 수 없었습니다. 근대 건축은 보편적이고 순수 형태를 추구함에 따라 개별적 지역문화의 정체성 상실, 건축의 상징성, 장식성의 결여를 초래했다는 것인데요. 그러나 화가로서 그의 회화 작품에도 드러나듯, 르 코르뷔제는 일상세계의 사물들이 인간과 갖는 관계에 관심을 가졌으며, 산업화와 기계화의 시대를 살아갈 수밖에 없었던 상황에서 인간 존재의 감성과 예술성을 회복시키고자 노력했다는 사실을 간과해서는 안 됩니다. 합리와 비합리가 모순적으로 공존하는 르 코르뷔제의 작품들에서는 이미 탈근대주의가 포용하고자 했던 '복합성과 대립성'이 내재해 있었다고 볼 수 있습니다.

"당나귀가 까마귀를 업고 있는가 아니면 까마귀가 당나귀를 짊어지고 있는가?"

이 질문은 르 코르뷔제를 논할 때 자주 나오는 주제 중 하나입니다. 당나귀는 아둔한 이들을 상징하고, 까마귀는 선구자로서 르 코르뷔제 자신을 의미합니다. 당신은 이 질문에 어떻게 답하시겠어요?

르 코르뷔제는 일생 동안 창조적 예술가와 투쟁가의 역할을 했습니다. 그의 작품과 이론은 혁신적이며 독특한 아이디어로 가득했으며, 그는 현대 건축, 미술, 문학 등 다양한 분야에서 큰 영향을 미쳤습니다. 르 코르뷔제의 활동은 진보적인 과학적 사고와 낭만적 감성, 일반 대중과 권위적 집단들 사이의 정신적 갈등과 복잡하게 얽혀 있습니다.

르 코르뷔제는 기계적인 건축뿐만 아니라 전통 재현양식에도 반대했습니다. 그에게 건축 행위란 기계적으로 작동하게끔만 하는 것이 아니라, 과거와 현재, 기억과 지각을 조합하여 새로운 이미지와 경험을 창출하는 예술적인 행위여야 했습니다. 현대 건축가들은 이러한 접근 방식을 통해 고전 건축과 현대성 사이의 균형을 찾을 수 있을 것입니다.

미스 반 데어 로에의
건축

루트비히 미스 반 데어 로에Ludwig Mies van der Rohe, 1886~1969는 독일 문명의 오래된 중심지인 아헨에서 성장했습니다. 이 지역은 네덜란드 국경과 인접한 지역으로, 주민들은 조용하고 냉담한 본성을 가지고 있었습니다. 그 자신도 내면세계에 집중하고 침잠하는 성격을 가지고 있었습니다. 그는 어릴 때부터 아버지의 작업실에서 건축을 배웠으며, 재료를 신중하게 다루고 순수한 형태를 추구하는 경험을 쌓았습니다. 제1차 세계대전 이후 그는 고전이나 고딕 양식이 대표했던 과거의 건축 양식을 대체할 새로운 건축 양식을 창조하려고 노력했습니다. 현대적인 재료인 강철과 유리를 사용하여 내부 공간을 정의하며, 최소한의 구조 골격을 사용하여 열린 공간의 자유와 조화를 창출하는 그의 작품은, 극적인 명확성과 단순성으로 특징지어져 있으며 20세기 건축에서 주요한 양식 중 하나를 세우게 되었습니다.

미스 반 데어 로에는 자신의 독립적인 건축 경력을 시작

미스 반 데어 로에

하면서 전통적인 독일식 양식을 채택하여 상류층의 주택을 설계했습니다. 그의 작품은 19세기 초반의 프로이센 신고전주의 건축가 카를 프리드리히 싱켈의 영향을 크게 받았습니다. 이 영향은 넓은 비례, 리드미컬한 요소들의 규칙성, 인공과 자연의 관계에 대한 고려, 그리고 단순한 정육면체 부피 등으로 나타났습니다. 당시에는 절충주의적이고 혼란스러운 고전주의 건축이 흔하게 보였는데, 싱켈은 이러한 전통적인 접근법을 버리고 새로운 방향으로 나아갔습니다.

제1차 세계대전 이후에도 미스 반 데어 로에는 전통적인 주택 설계를 계속하면서 국제주의 양식에 대한 실험적인 시도를 이어갑니다. 그는 진보적인 건축가들과 함께 현대 산업적 민주주의 시대에 어울리는 새로운 양식을 탐구했습니다. 19세기 중반부터 전통적인 양식에 대한 비판이 늘어났는데, 이는 역사적 장식을 근대 건축물의 구조와 무관하게 부착하는 것과 같은 겉치레 건축의 한계를 공격한 것이었습니다. 이러한 비판은 1차 세계대전 후에 유럽에서 제국주의의 실패와 관련하여 상당한 문화적 신빙성을 얻었습니다. 바뀐 새로운 사회에서 고전주의 양식은 귀족정치 체제의 건축적 상징으로 비난받았습니다.

시대의 흐름에 따라 미스 반 데어 로에는 장식을 버립니다. 1921년에 그는 매력적인 설계안을 제출했는데요. 삼각형 모양의 부지에 전면이 유리로 된 급진적 형태의 건물 '다면체의 마천루Friedrichstrasse Skyscraper'를 제안한 것이었습니다. 이 설계는 당시 아메리카니즘의 영향을 받은, 혁신적이고 현대적인 디자인으로 주목받았습니다.

이후 그는 독일공작연맹Deutscher Werkbund의 건축 관리직을 맡으면서 바이젠호프 주거단지Weissenhof Estate 프로젝트를 성공적으로 기획했습니다. 이를 통해 그의 능력과 모더니스트적인 접근 방식을 선보였습니다.

바이젠호프 주거단지 프로젝트는 주거의 본질을 고민한 프로젝트입니다. 르 코르뷔제, 그로피우스, J.J.P. 우드 등 당대를 대표하는 건축가들이 대거 참여합니다. 당시 집은 부유한 계층의 과시를 위한 장식품으로 취급되는 경향이 있었습니다. 그러나 이 프로젝트는 하이데거가 말한 "공간의 경험이 사람의 존재를 규정한다"는 철학을 채택함으로써 기존의 유습을 과감히 거부하고 주거의 본질을 재정립했습니다.

저렴하고 단순하며 효율적이지만 품질이 좋은 집을 짓

바이젠호프 주거단지
사진: Veit Mueller and Martin Losberger(CC BY-SA 3.0)

는 것을 목표로 삼았습니다. 이 프로젝트는 약 90,000m²의 부지에 주택 21채와 63가구를 수용할 주거단지를 조성했습니다. 주거자 중심의 설계로 동선을 최소화하고 방들을 기능적으로 배치하여 가사 노동 시간을 단축했습니다. 특히 부엌은 8m의 동선 내에서 모든 가사를 처리할 수 있는 형태로 설계되었으며, 환기와 채광에도 신경을 썼습니다. 지나치게 단순한 흰색 벽과 평지붕, 기하학적 형태, 철저히 기능적인 공간 구성 등으로 인해 '볼셰비키 막사'와 유사하다는 비판을 받기도 했습니다.⁴ 그러나 이 프로젝트의 핵심은 '사람'

과 '삶' 그 자체에 있었으며, 주거의 목적과 경험을 재정의했습니다.

미스 반 데어 로에는 1930년대 초반, 바우하우스에서 잠시 교장을 맡습니다. 그러나 1933년 나치 정권의 정치적 압력으로 인해 학교가 문을 닫게 되었습니다. 설계 의뢰도 줄어들었죠. 나치 정권은 미스 반 데어 로에의 양식을 '독일적'이지 않다고 여겨 받아들이지 않았습니다. 이로 인해 미스 반 데어 로에는 독일에서의 활동을 마무리하고 미국으로 떠나게 됩니다.

1937년, 그는 미국의 워싱턴 주에서 주택 설계를 맡게 되고, 이후 시카고의 아머 공과대학 일리노이 공과대학교, IIT의 전신에서 교장직을 제안받습니다. 독일에서의 경험과 국제 양식을 추구하는 미국의 후원자들 덕분에, 미스 반 데어 로에는 이미 현대 건축의 선구자로 인정받는 평판을 가지고 미국에 도착했는데요. 학교에서 건축학장을 맡아 일리노이 공대 캠퍼스 내에 명성 높은 건물들을 설계하며 현대 건축 분야에서의 중요한 역할을 수행했습니다. 이후 1944년에는 미국 시민권을 얻고 독일 국적을 포기하였습니다.

미스 반 데어 로에는 유리벽과 철골조의 결합을 통해 예술적 표현의 다양한 가능성을 탐구하기 시작한 것은 1920년대부터였으며, 그 이후에는 더 세련된 방식으로 이를 발전시켜 나갔습니다. 그는 디테일을 다루는 데 뛰어난 감각

스페인의 바르셀로나
파빌리온(1929)

을 가지고 있었으며, 유리와 철골조를 결합하여 예술적으로
풍부한 작품을 창조했습니다. 스페인의 바르셀로나 파빌리
온1929을 그 예로 들 수 있습니다.

미스 반 데어 로에가 설계한 전시관은 크고 평평한 지붕
이 특징입니다. 공간을 덮고 있다기보다 그 스스로 떠 있는
것처럼 보이도록 디자인되어 있습니다. 전시관의 아래 부
분은 흰색으로 도색되어 있어 미술관의 벽과 같이 깔끔하
고 통일된 느낌을 줍니다. 미스는 평면 구성으로 몬드리안
의 작품에서 영감을 받아 격자를 활용했습니다. 이 패턴은
유리와 대리석 마노로 만든 독립된 직사각형 칸막이 벽으로
구성되어 있으며, 강철 틀로 지지되어 있습니다. 이러한 칸
막이 벽은 전시 공간을 구분하면서도 완전히 가로막지 않아
전시관 내부와 외부를 모두 볼 수 있도록 오픈 플랜 구조를
만들었습니다.

미국에서 미스 반 데어 로에의 활동은 그의 건축 이론과
작품의 성숙과 일관성을 보여주면서, 20세기의 새로운 건축
양식을 형성하는 데 기여하였습니다. 르 코르뷔제와 함께
미스 반 데어 로에는 건축 계획에서 주도면밀한 비례관계를
모색한 건축가 중 몇 안 되는 인물들에 속합니다. 미스 반
데어 로에는 수치가 양적 차원뿐만 아니라 질적 차원도 가
진다는 신념을 따라, 건축물의 비례를 매우 세심하게 고려
했으며 재료를 꼼꼼하게 다뤘습니다. 이런 접근은 건축물의

크라운 홀(1956)

비례, 구조, 재료 등이 서로 긴밀하게 관계를 맺고 높은 예술
적 가치를 지니는 중요한 요소로 전환되도록 했습니다.

　일리노이 공대 캠퍼스 내의 모든 건물에는 24피트 모듈
의 사각형이 반복됩니다. 미스 반 데어 로에는 모듈 시스템
을 사용하여 건축물의 구조와 배치를 조정하고, 캠퍼스 내
에서 일관된 디자인 원칙을 유지하기 위해 활용했습니다.
캠퍼스 내 화학금속공학관1943 이나 크라운홀1956 을 보면,
건축물의 구조가 시각적으로 명확하게 나타나야 한다는 원
칙이 드러납니다. 이러한 원칙은 시그램 빌딩으로 대표할

수 있는 미스 반 데어 로에의 고층 오피스 건물에도 이어집니다. 복잡한 형태나 장식은 배제하고 몇 가지 간단한 형식적 요소로 디자인을 축소하여 건축물은 단순하면서도 현대적인 느낌을 지니게 되었습니다.

시그램 빌딩(1958)

"모든 것에 적절한 장소를 설정해주는 질서를 원했고, 모든 것이 고유한 성질에 합당한 특성을 갖기를 희망했다."[5]고 말한 미스 반 데어 로에는, 비례상의 미세한 변화를 통해 건축물의 디자인에서 유리와 철골조의 상호작용을 최적화했습니다. 이러한 디테일과 비례의 조절은 그의 건축 작품을 더욱 특별하게 만들었습니다.

　지금까지 고대 그리스부터 근대에 이르는 시간 동안 사람들이 공간을 짓고 꾸려온 방식에 대해 살펴보았습니다. 긴 시간을 훑어가며 예술과 사회가 어떻게 변화하여 왔는지도 함께 들여다보았습니다.

　이 과정에서 알게 되는 것이 있습니다. 건축은 시대와 지역에서의 삶을 함축적 형태로 드러내는 상징과도 같다는 것입니다. 재료, 구조, 형태 등과 같은 물질적 측면을 포함할 뿐만 아니라 역사와 사회, 문화와 철학 등과 같은 비물질적 측면까지도 포함하기에 시대의 예술과 기술을 종합하는 지표 기능을 하기 때문입니다.

　돌과 나무 혹은 흙처럼 자연 그대로 가져오거나 그것들을 가공한 벽돌이나 타일 같은 재료들로 지어지던 건물들은 19~20세기 동안 급격한 산업화와 기술 발전으로 크게 변화합니다. 건축에 있어 표준화와 보편화가 일어났으며, 이른바 국제주의로 일컫는 근대의 대표 건축 양식이 각 지역의 풍토, 역사, 문화, 예술과 무관하게 전 세계로 퍼져나갔습니다.

'형태는 기능을 따른다.'

이것은 근대를 대표하는 말입니다. 이 말은 건물의 외형보다 형태에 우선하여 애초에 그 건물이 왜 필요하다고 생각했는가를 묻습니다. 사람을 중심에 두고 건물의 용도를 고려해야 한다는 의미로 19세기 말 절충주의와 낭만주의, 역사주의의 옷을 입은 허위와 겉치레에 집착하는 가식적인 건축에 대한 반성의 목소리였습니다.

건축은 바라보고 감상하는 오브제가 아닙니다. 궁극적으로 이용을 목적으로 합니다. 그러기에 견고한 구조, 공간이 갖는 실용성, 합목적성을 강조하는 것은 필연일 수밖에 없습니다. 그러나 산업사회로의 이행과 자본주의의 발달에 따라 지나치게 기능과 경제성만을 강조하며 대량 공급되는 건축은 더 이상 삶터에서 거주하는 인간 존재와 긴밀하게 연계하는 '짓기'의 행위가 아니라, 사회적·경제적·기술적 변화에 따른 조건과 틀 속에서 생산되는 '제품'으로 변모해갑니다. 근대 건축이 강조하던 윤리와 도덕의 목소리도 원래의 힘을 잃었습니다.

뿐만 아니라 국제주의 양식이 대표하는 근대 건축은 지역마다 다른 인간의 삶과 정서, 표현방식 등 인간 존재 및 거주방식에 대한 고려가 부족하다는 비판을 받았습니다. 지역과 장소에서 존재 감각이 유리되는 문제를 야기했다는 것입니다. 인간을 창조활동의 중심에 두고 새 시대에 맞는 새로운 창조성을 강조한 르 코르뷔제의 근대 건축의 '새로운 정신에스프리 누보'은, 국제주의 양식의 급속한 전파와 함께 건축의 표준화 경향으로 바뀌어가면서 지역의 역사적 맥락과 충돌합니다.

이로 인해 건축의 지역주의 논쟁이 불거집니다. 이 논쟁은 어떻게 하면 현대적이고 기능적인 건축을 추구하면서도, 각 지역의 독특한 문화와 정서를 반영할 수 있는지에 대한 질문을 던집니다.

건축 이론가 케네스 프램튼은 문제를 해결하는 방안으로 비판적 지역주의Critical Regionalism 를 제시합니다. 비판적 지역주의의 관점은 국제주의 양식의 문제점을 인식하고 그에 저항하면서도, 순전히 토속적인 것The Vernacular 을 고수하거나 외래의 영향을 완전히 배제하지 않고 지역 문화와 보편적 문명 사이의 조화를 찾는 것을 제안합니다. 그는 지역 문화를 보존하면서도 변화를 통해 새로운 형태를 창출하고 활기찬 지역 문화를 유지하는 것이 중요하다고 주장합니다.[1,2]

프램튼의 논리에 따르면, 지역 및 국가 문화의 뿌리 깊은 문화와 보편적인 문명 사이에 대립적 측면이 있지만, 참된 지역 문화를 지켜나가는 것은 기존에 존재하던 지역 문화를 무조건적으로 지키는 것이 아니라, 문화나 문명의 거부할 수 없는 흐름 가운데 외래의 영향을 적절히 받아들여 변양시켜 나감으로써, 활기찬 지역 문화의 새로운 형태를 발생시키는 것을 의미합니다.

프램튼에 동의하는 이론가들은 건축의 표현적 측면과 상징적 측면을 되살리기 위해, 근대 건축의 재료와 형태적 요소를 유지하는 가운데 범우주적 근대 건축과 토착 건축의 다리가 되어줄 중요 요소로 역사와 문화의 경계가 되는 '지역'을 강조하였습니다.[3] 그러나 그들이 정의하는 '지역'은 자연적·사회적·경제적·문화적 요소들의 차이를 규명할 수 있는 지리학적 개념을 바탕으로 하며, 이를 바탕으로 개념화된 건축은 여러 구성 요소들이 구조화되고 그들의 관계로 정의되는 하나의 재-체제화된 관찰의 대상으로 환원될 수밖에 없는 한계를 지닙니다.[4] '지역'은 여전히 예술적 창조와 지혜의 건축의 근본이 되는 인간 존재와 그들의 세계, 곧 삶이 갖는 경제 기술적 효용의 측면인 '기능'과의 괴리를 좁히지 못하고 있는 것이죠.

다른 한편으로 프램튼을 비판하며 지역이라는 개념에 삶의 질을 개입시키고자 했던 맥락주의자들도 있습니다. 맥락은 문화인류학적·역사학적으로 이해되고 자연적 혹은 관습적으로 고착화된 형태로서 눈앞에 드러난 문화현상을 말합니다.[5] 지역 개념에 어떠한 방식으로 정리된 삶의 체계를 중첩시켜 만든 피상적 둘레입니다. 지역주의가 빠질 수 있는 오류인 자문화중심주의Ethnocentrism를 타파하고 주변을 포용할 수 있는 것처럼 보일 수도 있습니다. 그러나 이 때 주변이란 여전히 객관적 대상으로서 독립적으로 간주되는 요소들이 만들어낸 관계들의 체계로 존재합니다. 인간 존재의 삶의 체험과 괴리된 대상, 객체로서의 건축은 그대로 유효하다는 뜻이지요. 표면의 차원에서 논의되는 지역주의, 혹은 맥락주의가 드러내는 창조의 가능성은 여전히 제한적입니다.

또한 이는 지역을 기반으로 한 민족주의 혹은 문화본질주의의 위험과 맞닿아 있기도 합니다. 이것이 위험한 이유는 권위 있다 여겨지는 건축 형태들 가운데 선호하는 역사문화적 가치와 맞아떨어지는 특정 부분들을 파편적으로 이상화하게 되고, 이를 선택적으로 특정 관념에 맞추어 표현하게 되기 때문입니다.[6] 이 방식은 건축을 관념의 현전을 위한 도구로 전락시켜 버립니다. 이에 따라 지역이라는 실증적 물리 공간을 따르는 맥락은 인간에 대한 존재론적 이해를 바탕으로 재해석할 필요가 있습니다.

건축의 근대화, 이미 전 세계적으로 깊숙이 침투한 국제화, 그리고 그에 저항 혹은 타협하는 지역주의 논쟁이라는 세계적 시류에서 한국 건축이라고 자유로울 수는 없습니다. 특히 일제강점기의 역사와 해방 이후 한국 건축의 나아가야 할 방향에 대한 논의는 아직도 진행 중이며 앞으로도 계속

될 것이라는 점을 감안할 때, 한국 건축의 근대화에 있어 서양 건축이 어떠한 영향을 미쳤으며, 한국에서 어떻게 지역화되었는지를 창조성의 관점에서 살펴보는 것도 매우 중요합니다.

그렇다고 문제만 있는 것은 아닙니다. 영감을 주고 뛰어난 건축이 많습니다. 그러나 사회 전반에서 건축을 바라보는 분위기가 전과는 다르다는 것에 많은 이들이 공감하시리라 생각합니다. 건축이 담아내는 문화적 깊이, 다시 말해 살아 숨 쉬는 인간 존재의 생동감을 드러내는 표현적 측면, 혹은 고정된 관습과 고정관념으로서의 전통이 아니라, 물려받아 이어지는 가운데 자연스럽게 변화하고 살아 움직이는 보이지 않는 정신적·문화적·예술적 가치와 상징적 위상은 상대적으로 약해졌습니다.

역사를 살펴보는 것은 이런 시대 분위기 속에서 '짓기'의 건축을 다시금 숙고하게 하는 기회를 마련하기에 의의가 있다고 생각합니다. 자동화와 기계화된 현대 사회에서 상품 혹은 재산가치로 환산되는 공간의 현실 가치를 전적으로 부정하자는 의미는 아닙니다. 건축이 '부동산'을 만들어내는 건설 행위로만이 아니라, 터에서 살아가는 인간 존재가 삶을 지어가는 과정에서 만들어지는 창조행위라는 것을 잊지 않아야겠다는 조용한 다짐일 수도 있습니다.

그럼에도 불구하고 이 책에서 충분히 다루지 못한 부분

들이 많습니다. 역사의 큰 흐름을 따라가다 보니 각 시대의 예시들을 다양하게 들면서 섬세하게 다루지 못했습니다. 특히 근대에 들어와 서로 다른 생각을 가지고 개성 있는 건축을 선보인 수많은 건축가들 중에서 일부를 선택하여 다룰 수밖에 없었기에 아쉬움이 있습니다.

근대 건축을 향한 비판의 목소리도 하나의 목소리만 있었던 것이 아닙니다. 근대 건축에서 무시되었던 장식뿐만 아니라 쓴맛과 단맛이 공존하는 모순적 현실, 패러독스, 그리고 인간 정신의 우발성 등 애매모호하고 불확실한 것들을 끌어들이려 했던 포스트모던 건축이 일례입니다. 여러 갈래의 비판들이 있습니다만 간략하게 다룰 수밖에 없었습니다. 이 책이 저의 마지막이 아니길 바라는 마음을 전하면서 부족한 부분은 또 다른 기회에 나눌 수 있기를 바랍니다.

사회가 변화하면서 사람들의 삶도 바뀌고 생각도 바뀌면서 예술과 삶의 공간들이 함께 바뀌어 왔습니다. 그리고 그러한 변화들이 알게 모르게, 때로는 눈에 띄게, 때로는 보이지 않게 쌓여 문화와 예술의 지층을 형성해옵니다. 최근의 시대로서 근현대는 아직 온전히 평가될 수 없습니다. 평가된다 하더라도 그것에 대한 반발과 지속적인 논쟁이 있을 것입니다. 그래서 건축에 있어서 이 근현대를 대상으로 한 '논의'의 학문영역을 '건축이론'이라 부릅니다. 우리가 살고 있는 현 시대는 아직까지 시간적 거리가 피부에 닿아 있어

평가와 결론을 도출하기 어렵습니다. 그렇다고 해서, 판단 중지 혹은 관조觀照를 하며 그저 조용히 있어야 한다는 뜻도 아닙니다.

상황이 이러하니 각자가 논리적으로 사유를 이끌어가며 자신만의 판단을 내려보고 서로의 생각을 나누며 대화를 이어가면 어떨까요? 어떤 시대가 가장 기억에 남으시나요? 어떤 시대의 건축과 예술이 마음에 울림을 가져오는지 살펴다보면 단지 지식으로만이 아니라, 자기만의 생각과 취향을 발견하고 깊이를 더해갈 수 있지 않나 생각해봅니다. 현대와 앞으로 다가올 시대의 건축을 더욱 풍요롭고 이롭게 하기 위해서 말입니다.

◆ 1장

1 Schneider S. L. (2001). In Search of Realistic Optimism: Meaning Knowledge and Warm Fuzziness. *American Psychologist*. 56(3). pp.250-263. https://doi.org/10.1037/0003-066X.56.3.250.

2 Chartier, E. (1953). *Définitions*. Paris: Les Éditions Gallimard

3 Keller H. (1904). *My Key of Life Optimism: An Essay*. London: Isbister & Company 15 & 16 Tavistock st. Covent Garden 58.

4 Mandela N. (1994). *The Long Walk to Freedom: The Autobiography of Nelson Mandela*. New York: Little Brown and Company. pp.341-342.

5 Bonfante L. (1989). Nudity as a Costume in Classical Art. *American Journal of Archaeology*. pp.543-570. https://doi.org/10.2307/505328.

6 Giedion S. (1971). *Architecture and the Phenomena of Transition: The Three Space Conceptions in Architecture*. Harvard University Press.

◆ 2장

1 Dio, Cassius. (1916) *Roman History*. Translated by Earnest Cary on the basis of the version of Herbert Baldwin Foster. London: William Heinemann; New York: G. P. Putnam's Sons.

2 Parker J. H. & Frontinus S. I. (1876). *The Archaeology of Rome*. James Parker.

3 Gabucci A. & Coarelli F. (1999). *Il Colosseo*. Electa.

4 Crapper M. (2007). How Roman Engineers Could Have Flooded the Colosseum. *Civil Engineering*. pp.184-191.

5 Elkins N. T. (2019). *A Monument to Dynasty and Death: The Story of Rome's Colosseum and the Emperors Who Built It*. Johns Hopkins University Press.

6 Crapper M., op. cit.

7 Cristina D. Marco M. Gian Massimiliano M. Maurizio S. Francesco S. Rossella R. & Antonio R. (2020). A 3D Geological Model as a Base for the Development

of a Conceptual Groundwater Scheme in the Area of the Colosseum (Rome, Italy). *Geosciences*. 2020(10). pp.266-266. https://doi.org/10.3390/geosciences10070266.

8 IOWA University. "The Black Death: The Plague, 1331-1770". http://hosted.lib.uiowa.edu/histmed/plague/index.html.

9 Gallois, L. (1923). The Origin and Growth of Paris. *Geographical Review*. 13(3). pp.345-367. https://doi.org/10.2307/208275.

10 Legacey E.-M. (2019). *Making Space for the Dead: Catacombs Cemeteries and the Reimagining of Paris* 1780-1830. Cornell University Press. Retrieved November 19 2023 from https://search.ebscohost.com/login.aspx?direct=true&scope=site&db=nlebk&db=nlabk&AN=2084009.

◆ 4장

1 Kuorinki M. & Foucault M. (2012). *The Order of Things : An Archeology of the Human Sciences*. Mark Pezinger Verlag.

2 미국 건축역사학회 2014년 학회 (The 2014 meeting of the Society of Architectural Historians) 제목. Abel M. (2017). *Medieval Urban Planning: The Monastery and Beyond. Cambridge Scholars Publishing*. Retrieved December 2 2023 from https://search.ebscohost.com/login.aspx?direct=true&scope=site&db=nlebk&db=nlabk&AN=1483898.

3 Pérez-Gómez, A. (2005). From Treatise to Story: The Changing Nature of Architectural Discourse From the Renaissance to the Eighteenth Century. *SPELL: Swiss Papers in English Language and Literature*. 17. pp.35-49.

4 Lueder C. (n.d.). Diagram Utopias: Rota and Network as Instrument and Mirror of Utopia and Agronica. *Journal of Architectural Education*. pp.224-233. https://doi.org/10.1080/10464883.2013.817165.

◆ 5장

1 종교개혁자 칼뱅(Jean Calvin)의 사상 및 그 감화를 받은 프로테스탄트주의의 개혁사상을 의미하고 교회적으로는 개혁파 또는 장로파라고 하는 교회조직의 신앙과 신학을 가리킨다.

2 칼뱅의 예정론 즉 '하나님은 어떤 자는 구원하시고 어떤 자는 멸하시기로 예정하셨다'는 주장에 반대하는 네덜란드 개혁교회의 신학자였던 야곱 알미니우스(Jacob Arminius, 1560-1609년)의 학설.

3 Burckhardt J. (2020). *The Civilization of the Renaissance in Italy*. Neeland

Media LLC. Retrieved November 21 2023 from http://public.eblib.com/choice/PublicFullRecord.aspx?p=6825158.

4 Wölfflin Heinrich. (1964). *Renaissance and Baroque*. Collins.

5 Riegl A. Hopkins A. Witte A. & Payne A. A. (2010). *The Origins of Baroque Art in Rome*. Getty Research Institute.

6 Borromini F. De Benedictis M. & Spada V. (1993). *Opus Architectonicum*. De Rubeis.

7 Bochi P. A. (1994). Images of Time in Ancient Egyptian Art. *Journal of the American Research Center in Egypt*. pp. 55-62. https://doi.org/10.2307/40000667.

8 Ahmed, A. S. (2014). The Spiritual Search of Art Over Islamic Architecture With Non-figurative Representations. *Journal of Islamic Architecture*. 3(1). pp.1-13.

9 Milburn, R. (1988). *Early Christian Art and Architecture*. University of California Press.

10 Ceauşescu, A. (2020). Symbols and Decorative Motifs in the Popular Architecture from Oltenia. *Nxxi* (20201201). pp. 51-61. Retrieved November 21 2023 from https://doaj.org/article/7216a4b99f8a47b99189ba33ec40f7c5.

11 Giedion S. (2008). Space, *Time and Architecture: The Growth of a New Tradition* (5th ed.). Harvard University Press.

12 Lagueux, M. (2004, May). Ethics vs. Aesthetics in Architecture. In *Philosophical Forum*. Vol.35. No.2. pp.117-133. Wiley.

13 Ruskin, J. (sans date), *The Seven Lamps of Architecture*, New York, John W. Lovell.

14 Loos A. Whiteside S. & Masheck J. (2019). *Ornament and Crime: Thoughts on Design and Materials*. Penguin Books.

15 Kirkland S. (2014). *Paris Reborn: Napoléon III Baron Haussmann and the Quest to Build a Modern City* (First Picador paperback). Picador USA.

◆ 6장

1 Vale, L. (2014). *Architecture, Power and National Identity*. Routledge.

2 Washington to the Commissioners of the City of Washington, relative to work on Public Buildings on February 15th, 1797. In Viator V. (1854). *The Seat of Government of the United States*. p.43, Retrieved November 22 2023 from http://catalog.hathitrust.org/api/volumes/oclc/3828055.html.

3 The Wearmouth Bridge. In *Local Studies Centre Fact Sheet Number 7*, Suderland City Council. Retrieved November 22 2023 from https://www. sunderland.gov.uk/media/6961/7-Wearmouth-Bridge/pdf/7_Wearmouth_ Bridge.pdf?m=637860523323270000.

4 Tyler, J. A. (2011). Living Story and Antenarrative in Organizational Accidents. In *Storytelling and the Future of Organizations*. pp. 137-147. Routledge.

◆ 7장

1 Gropius W. (1930). *Bauhausbauten Dessau*. A. Langen. p.92.

2 Lupfer G. & Sigel P. (2004). *Walter Gropius 1883-1969: The Promoter of a New Form*. Taschen.

3 Le Corbusier. (1912). *Etude Sur Le Mouvement D'Art déCoratif en Allemagne*. Haefeli Impr.

4 Pommer, R. (1983). The Flat Roof : A Modernist Controversy in Germany. *Art Journal*. 43(2). pp.158-169.

5 Blake P. (1966). *Mies Van Der Rohe: Architecture and Structure*. Penguin Baltimore. p.71에 인용된 미스 반 데어 로에의 말. "We must have order, allocating to each thing its proper place and giving to each thing its due according to its nature."

◆ 에필로그

1 Frampton, K. (2016). Toward a Critical Regionalism: Six Points for an Architecture of Resistance. In Postmodernism. pp.268-280. Routledge.

2 Frampton K. (2020). *Modern Architecture: A Critical History* (Fifth). Thames & Hudson.

3 Botz-Bornstein, T. (2016). *Transcultural Architecture: The Limits and Opportunities of Critical Regionalism*. Routledge.

4 Keith L. Eggener (2002) Placing Resistance: A Critique of Critical Regionalism. *Journal of Architectural Education*. 55(4). pp.228-237. DOI: 10.1162/104648802753657932.

5 Lotman, J. (2019). The phenomenon of culture. Juri Lotman-Culture, Memory and History: Essays. In *Cultural Semiotics*. pp.33-48.

6 Abrar, N. (2021). Contextuality and Design Approaches in Architecture. *International Journal of Education*. 2(11). pp.7043-7051.